YOUNG ENCYCLOPEDIA

The World of Animal Life

Gerald Legg & Steve Weston

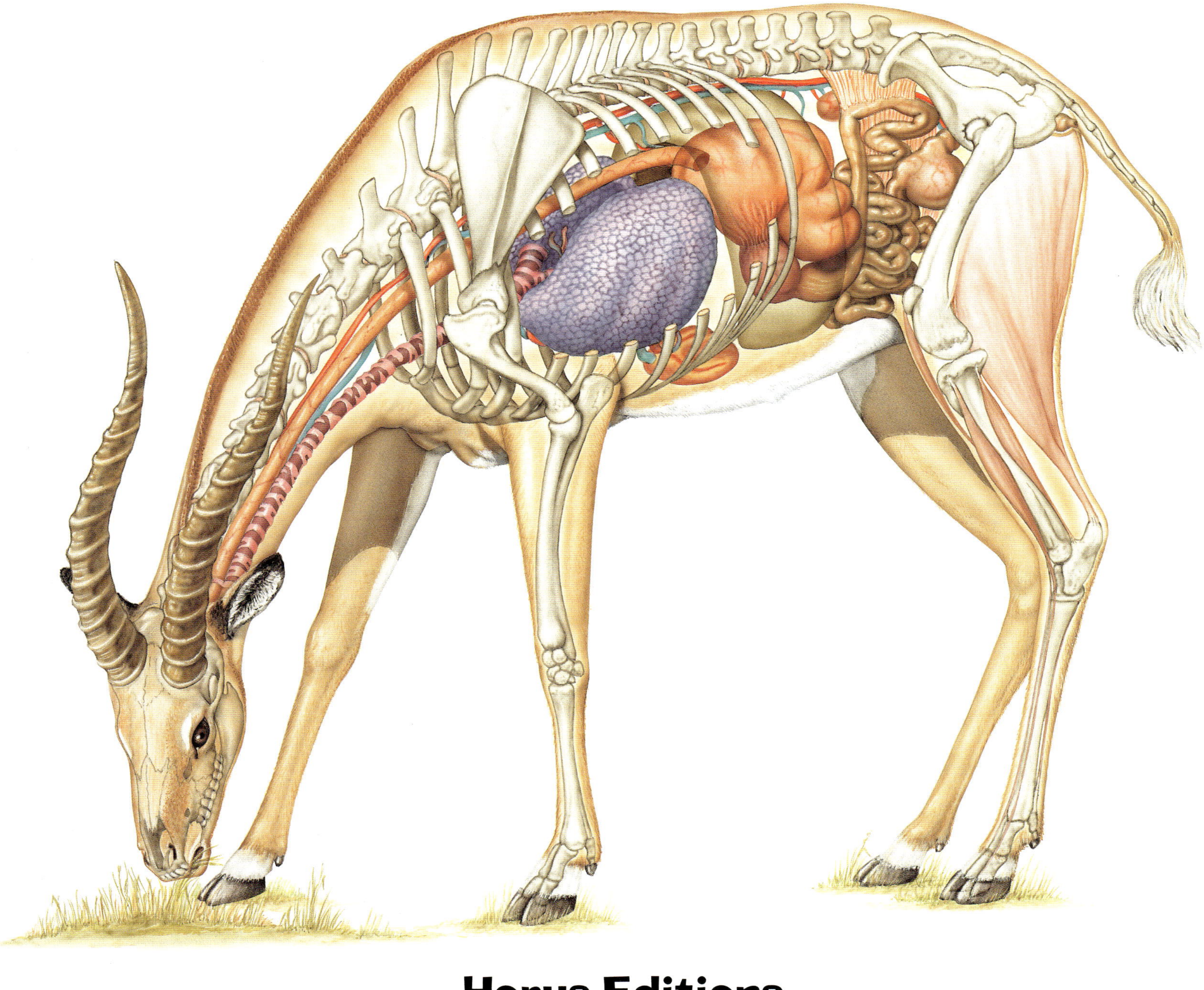

Horus Editions

Published by Horus Editions
an imprint of
Award Publications Limited,
The Old Riding School, The Welbeck Estate,
Worksop, Nottinghamshire, S80 3LR

Material previously published as 'How It Works – The World of Animal Life'
Text Editor: Helen Maxey
Series Editor: Elizabeth Miles
Design: Duck Egg Blue
Illustrations: Steve Weston
Additional illustrations: Ruth Lindsay, Jim Channell

ISBN-10: 1-899762-71-X
ISBN-13: 978-1-899762-71-2

Printed in Belgium

Contents

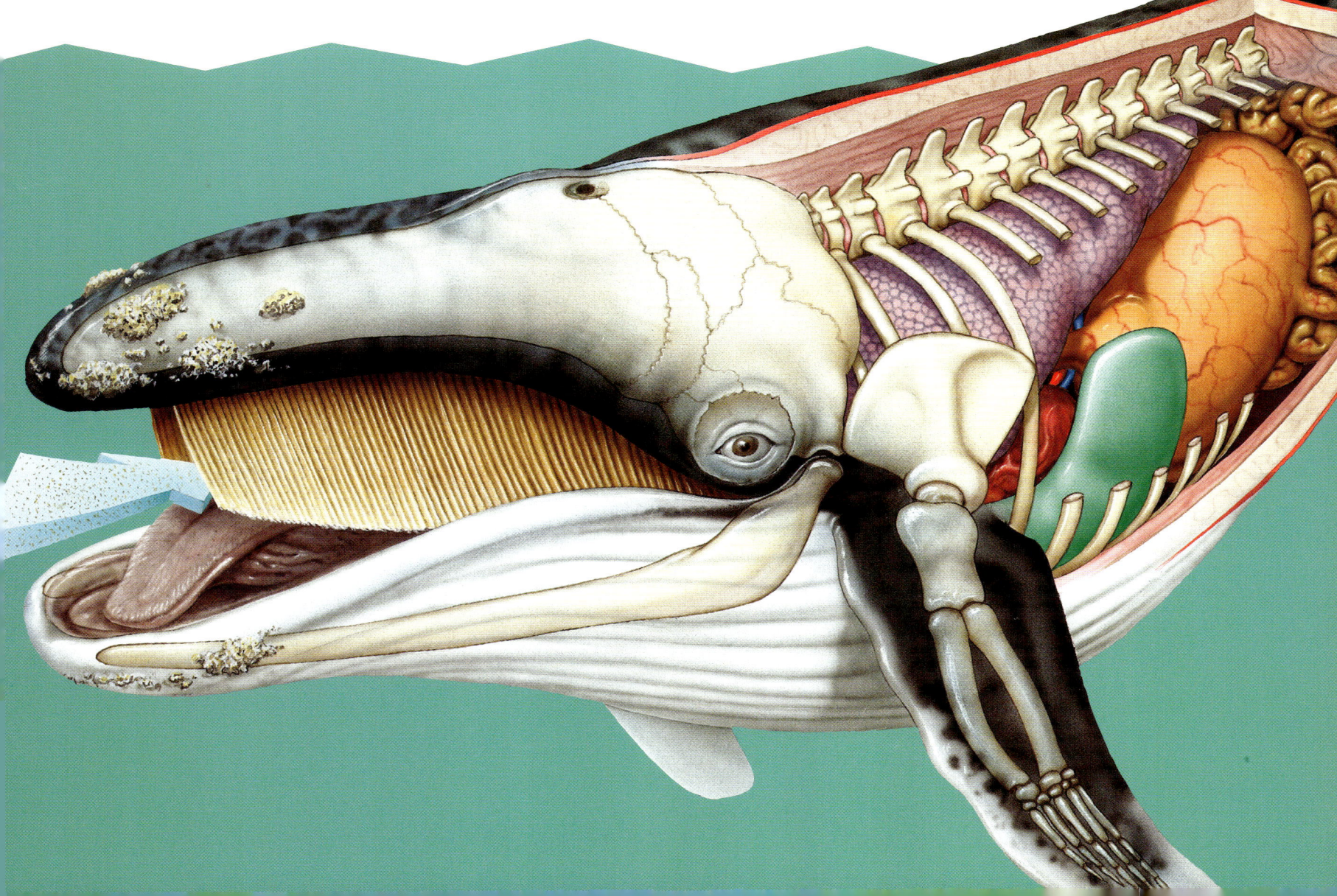

Bony Fish

This colourful fish, called an Anthias, is a tropical fish that lives amongst coral. It is one of the 20,000 or more different kinds of fish that have a bony skeleton. To move through water, fish have a special shape. Most have a long body, pointed at the front and narrowing at the tail. It is smooth, without any untidy bits sticking out. However, not all fish are streamlined like this. Some fish that live amongst coral, seaweed, or on the sea bed move differently, so they need a different body shape.

Some fish hunt, while others scavenge, eating up dead material that is floating around. To feed, many fish approach their meal and quickly open their mouth when they are close to it. This movement of the bones around the mouth and gills opens up the throat. Water rushes in, bringing the food with it.

Fins

Eel

Flying fish

Angel fish

Seahorse

Fish use their fins in all kinds of ways. Eels have a long dorsal fin that ripples, gently propelling them along the sea bottom. Flying fish have big wing-like fins on their chest (pectoral fins). Angel fish use their fins to dart in and out of their coral hideouts. Seahorses have a fin on their back (the dorsal fin) that enables them to hover and move delicately through seaweed.

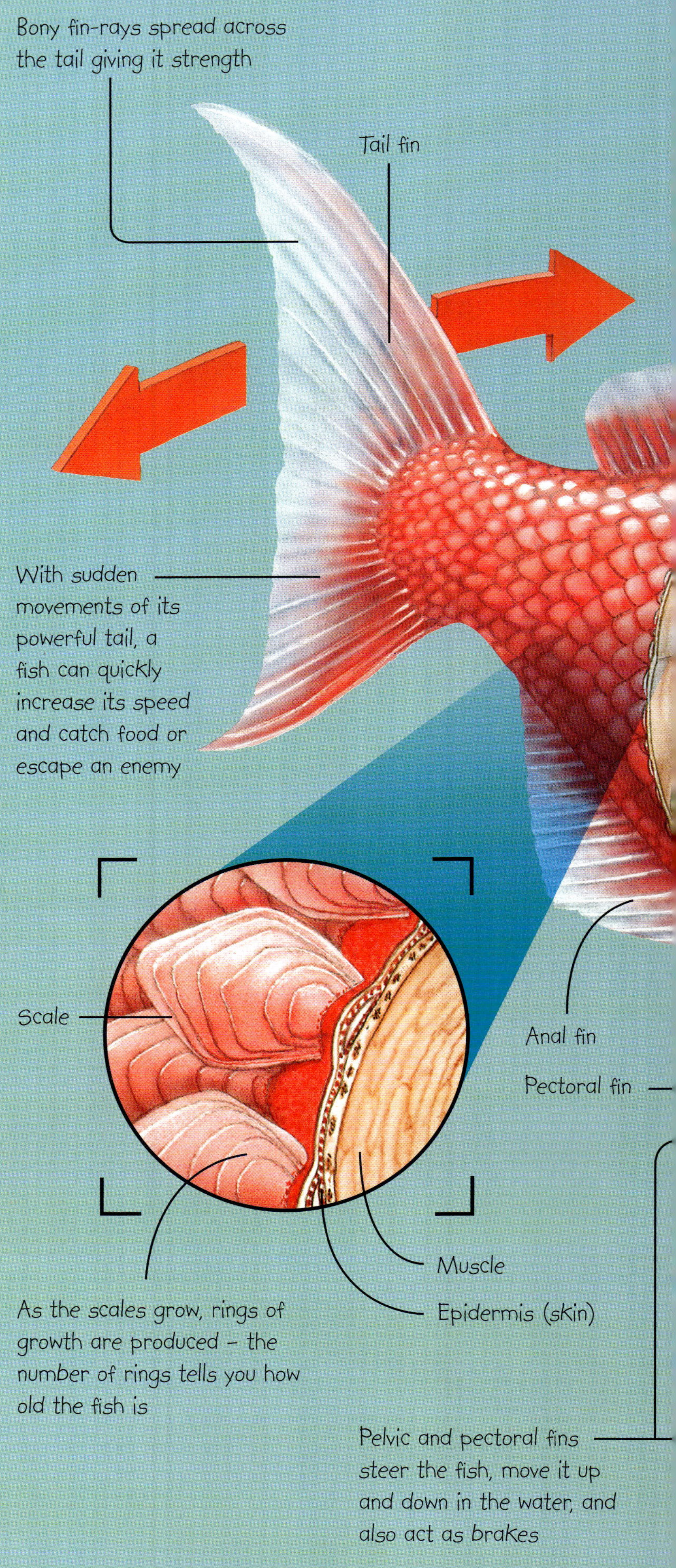

Bony fin-rays spread across the tail giving it strength

Tail fin

With sudden movements of its powerful tail, a fish can quickly increase its speed and catch food or escape an enemy

Scale

Anal fin

Pectoral fin

As the scales grow, rings of growth are produced – the number of rings tells you how old the fish is

Muscle

Epidermis (skin)

Pelvic and pectoral fins steer the fish, move it up and down in the water, and also act as brakes

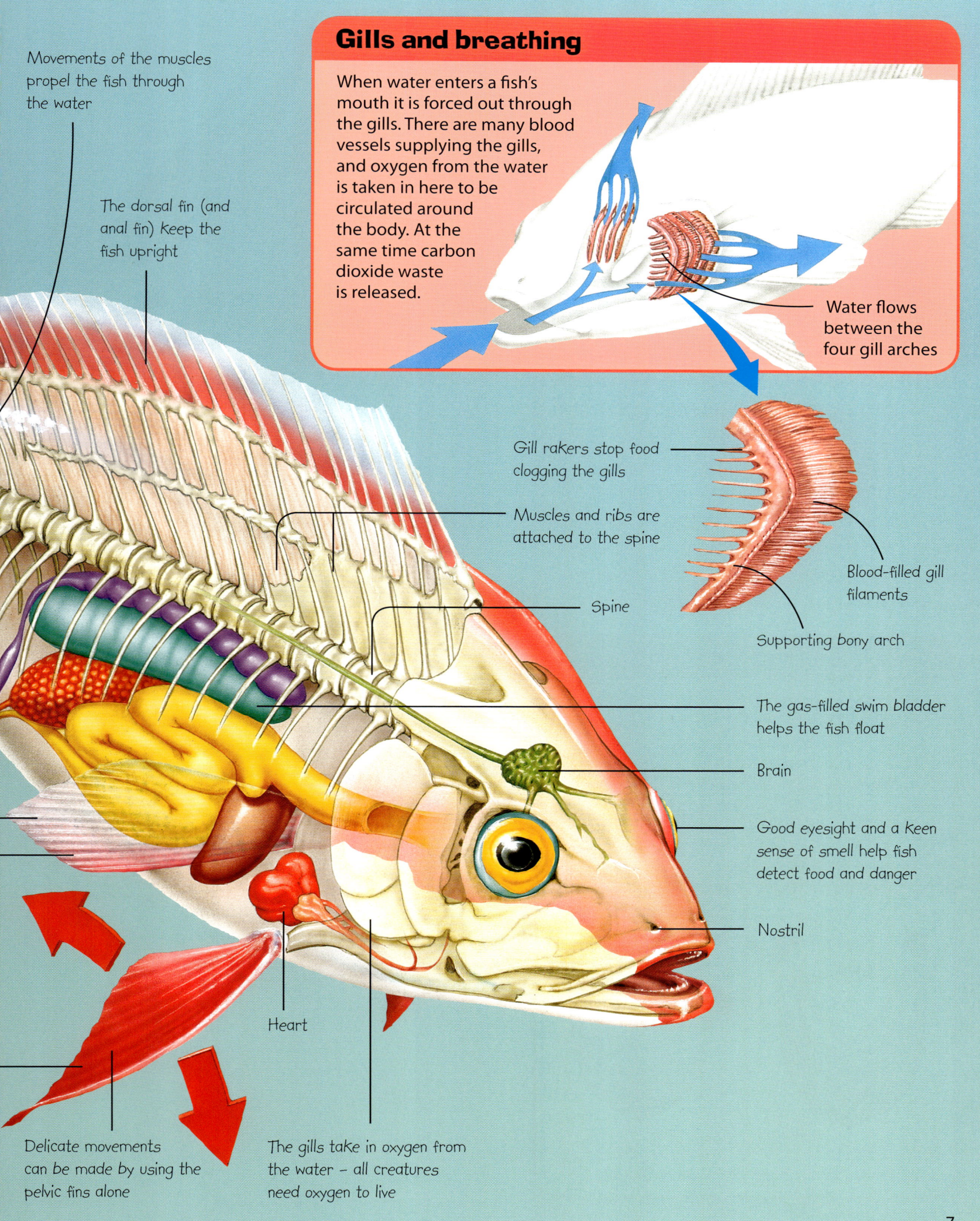

Movements of the muscles propel the fish through the water

The dorsal fin (and anal fin) keep the fish upright

Gills and breathing

When water enters a fish's mouth it is forced out through the gills. There are many blood vessels supplying the gills, and oxygen from the water is taken in here to be circulated around the body. At the same time carbon dioxide waste is released.

Water flows between the four gill arches

Gill rakers stop food clogging the gills

Muscles and ribs are attached to the spine

Spine

Blood-filled gill filaments

Supporting bony arch

The gas-filled swim bladder helps the fish float

Brain

Good eyesight and a keen sense of smell help fish detect food and danger

Nostril

Heart

Delicate movements can be made by using the pelvic fins alone

The gills take in oxygen from the water – all creatures need oxygen to live

Bird Flight

The osprey is a bird of prey. It flies over rivers, lakes, and seas hunting for fish. On spotting a fish it can make a dramatic dive, feet-first, into the water. After grabbing its prey, the hawk-like bird will soar up into the sky.

Like all birds, to push its body upwards, the osprey must beat its wings downwards against the air. The wings of a bird have a special curved shape (aerofoil) which produces lift and keeps the bird in the air as it flies. The wing-shape also means birds can glide or soar on rising currents of air. Birds hardly need to beat their wings if they can 'ride' on a wind that is flowing upwards over a hill. A bird steers itself by changing the tilt of its wings, or by twisting its tail like a rudder.

A bird's wingbeat

To fly through the air, or hover, a bird must beat its wings. A pair of large breast muscles make each wing move. For an upward stroke (1) the depressor muscles relax (lengthen) and the elevator muscles contract (shorten). Like a pulley, this lifts the wing bones. For a downward stroke (2), to lift the bird, the bigger, stronger depressor muscles must contract to pull the wing bones down.

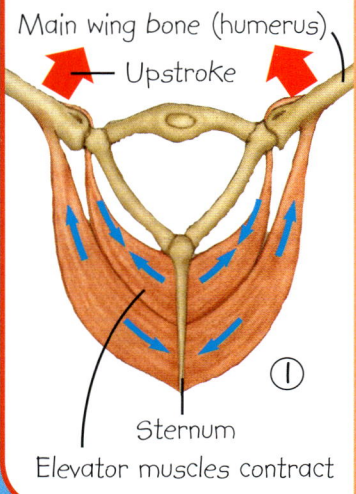

Main wing bone (humerus)
Upstroke
①
Sternum
Elevator muscles contract

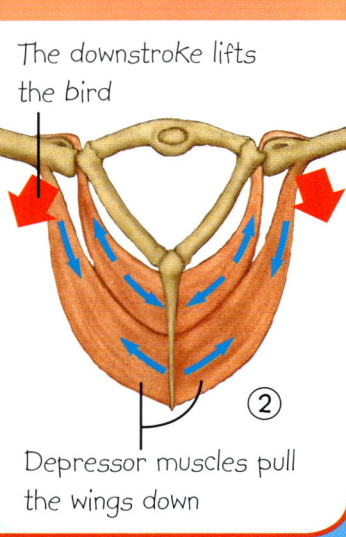

The downstroke lifts the bird
②
Depressor muscles pull the wings down

The 'wrist' bones are flexible so the wings can be tilted, allowing the bird to twist and turn in flight

The primary feathers are the main flight feathers

The secondary feathers give the wing a large surface area

Broad tail feathers act like a rudder for steering the bird

The sharp, clawed toes are called talons

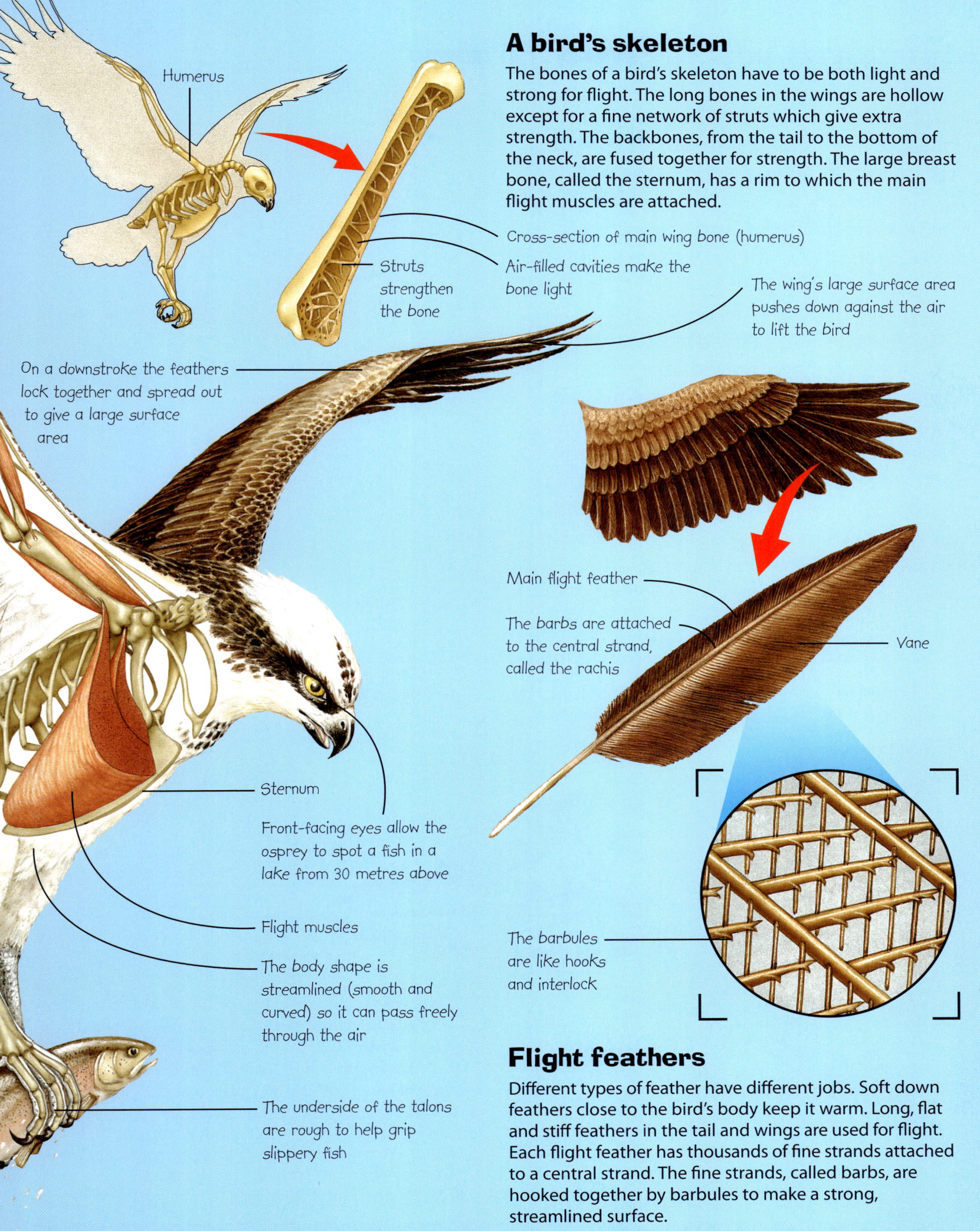

A bird's skeleton

The bones of a bird's skeleton have to be both light and strong for flight. The long bones in the wings are hollow except for a fine network of struts which give extra strength. The backbones, from the tail to the bottom of the neck, are fused together for strength. The large breast bone, called the sternum, has a rim to which the main flight muscles are attached.

Humerus

Struts strengthen the bone

Cross-section of main wing bone (humerus)

Air-filled cavities make the bone light

The wing's large surface area pushes down against the air to lift the bird

On a downstroke the feathers lock together and spread out to give a large surface area

Main flight feather

The barbs are attached to the central strand, called the rachis

Vane

Sternum

Front-facing eyes allow the osprey to spot a fish in a lake from 30 metres above

Flight muscles

The body shape is streamlined (smooth and curved) so it can pass freely through the air

The barbules are like hooks and interlock

The underside of the talons are rough to help grip slippery fish

Flight feathers

Different types of feather have different jobs. Soft down feathers close to the bird's body keep it warm. Long, flat and stiff feathers in the tail and wings are used for flight. Each flight feather has thousands of fine strands attached to a central strand. The fine strands, called barbs, are hooked together by barbules to make a strong, streamlined surface.

Seeing with Sound

Land animals that are active during daylight use their eyes to see. But how do creatures that move around in the dark see? Marine animals that live in the dark ocean depths and nocturnal land animals that move around at night have a special way of 'seeing'.

They use a system called echolocation which allows them to build up a 'sound picture' of everything around them. Most bats use echolocation. The bats make a series of short, sharp sounds. The sounds bounce off objects in their path. Then the bats pick up the echoes (returning sounds) and can tell if an object is moving, how far away it is, and what it is made of.

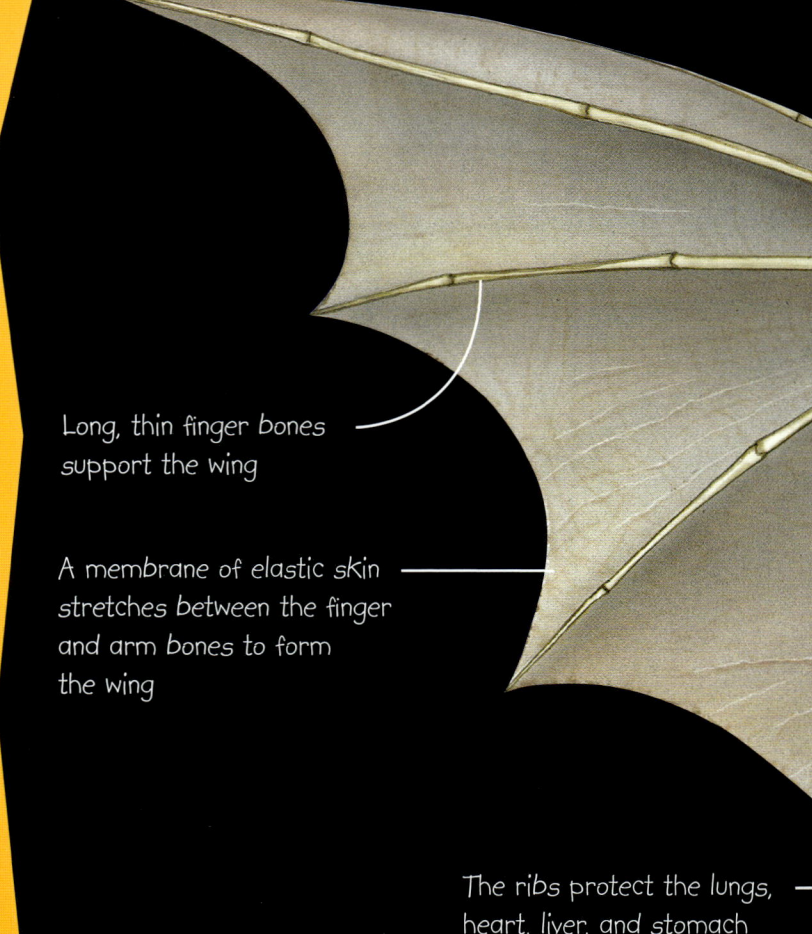

Long, thin finger bones support the wing

A membrane of elastic skin stretches between the finger and arm bones to form the wing

The ribs protect the lungs, heart, liver, and stomach

Echolocation in water

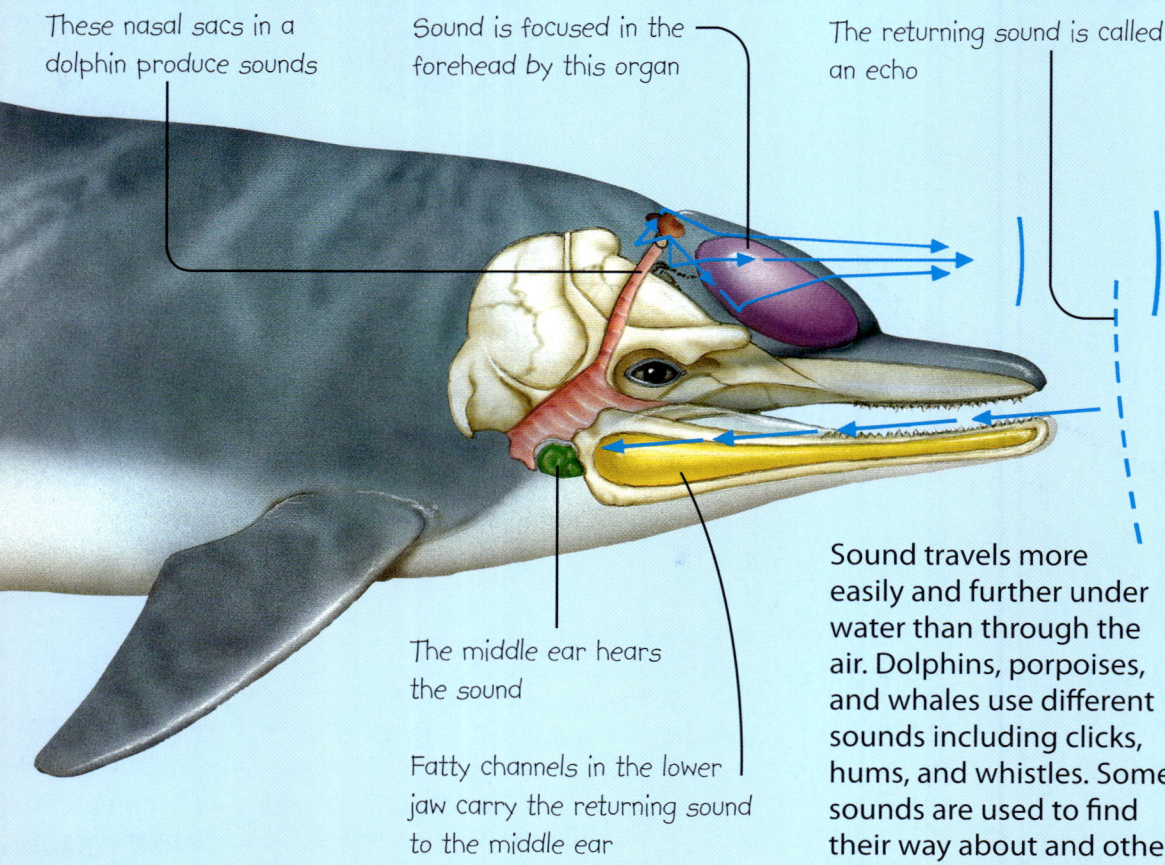

These nasal sacs in a dolphin produce sounds

Sound is focused in the forehead by this organ

The returning sound is called an echo

The outgoing pulse of sound

The middle ear hears the sound

Fatty channels in the lower jaw carry the returning sound to the middle ear

Sound travels more easily and further under water than through the air. Dolphins, porpoises, and whales use different sounds including clicks, hums, and whistles. Some sounds are used to find their way about and others to find food or enemies.

Sounds are also used to communicate with other creatures of their kind. Sharp, loud sounds are used to stun their prey, while deep and long sounds are useful for finding things that are a long way off.

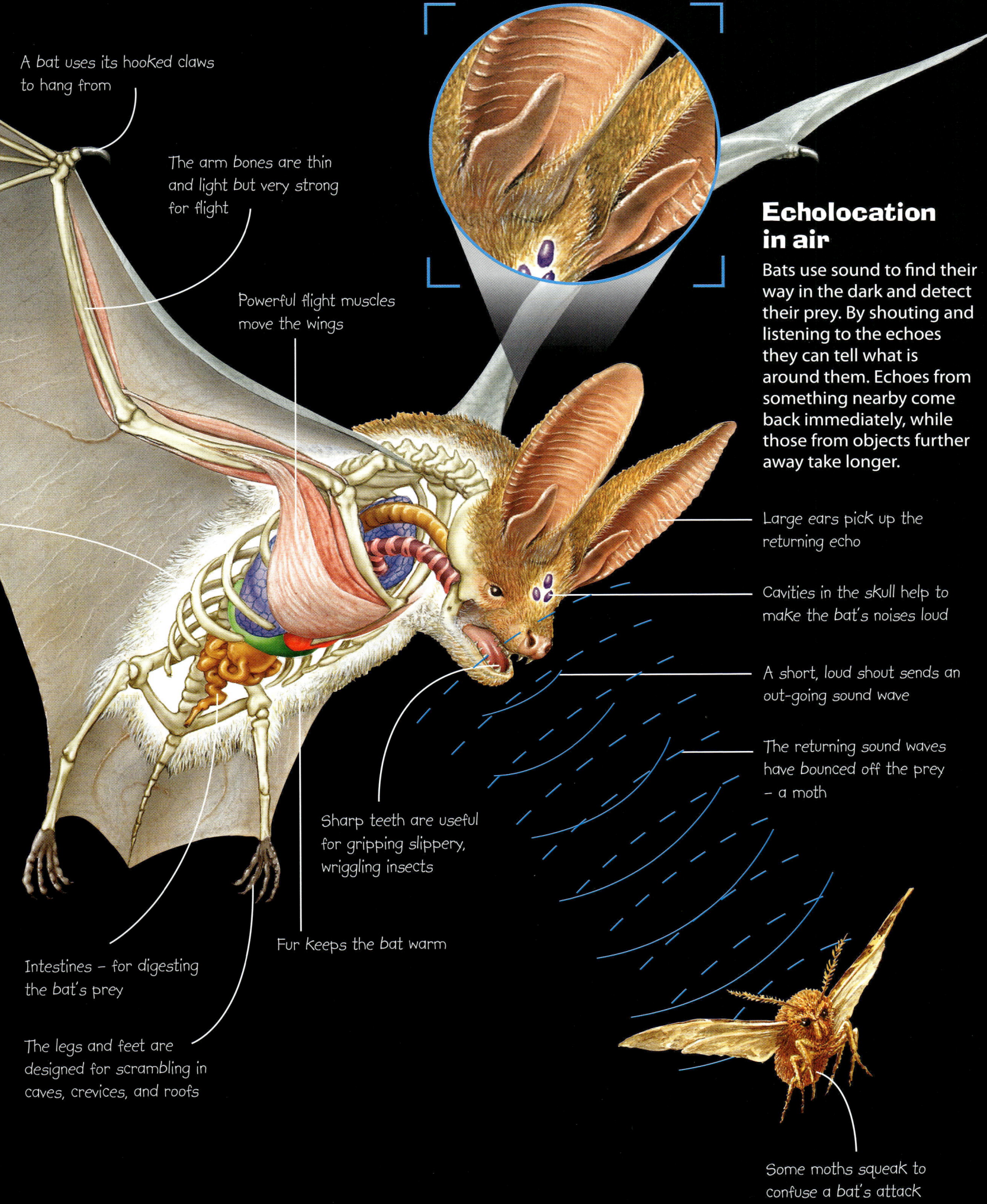

A bat uses its hooked claws to hang from

The arm bones are thin and light but very strong for flight

Powerful flight muscles move the wings

Echolocation in air

Bats use sound to find their way in the dark and detect their prey. By shouting and listening to the echoes they can tell what is around them. Echoes from something nearby come back immediately, while those from objects further away take longer.

Large ears pick up the returning echo

Cavities in the skull help to make the bat's noises loud

A short, loud shout sends an out-going sound wave

The returning sound waves have bounced off the prey – a moth

Sharp teeth are useful for gripping slippery, wriggling insects

Fur keeps the bat warm

Intestines – for digesting the bat's prey

The legs and feet are designed for scrambling in caves, crevices, and roofs

Some moths squeak to confuse a bat's attack

11

A Spider's Web

A predator is an animal that hunts and kills other animals to feed itself. The garden spider is a predator that spins a web to catch its prey. During late summer the large webs of adult spiders can be found amongst low plants and bushes. Sitting upside-down in the centre of the web the spider waits for insects to blunder into its web. It then rushes across, seizing and killing its victim.

If frightened by a bird, which might eat it, the spider will run to safety. It may hide under a leaf or drop to the ground on a silken safety line, the thread that trails from its body so that it never loses contact with its web. Spiders also use their silk to wrap and protect their eggs.

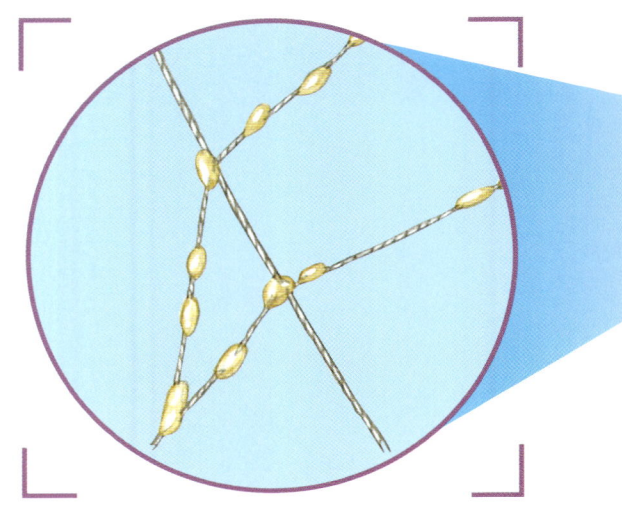

Sticky beads

The spider uses a special silk for trapping insects. At first this silk is coated in a sticky layer. As the silk is fixed to the web's thread, the spider uses its back legs to twang the thread like a guitar string. This breaks the coat into a series of sticky beads.

Spiders have four pairs of seven-jointed legs

The sucking stomach draws food into the intestine and mouth hairs trap any solid particles

Venom (poison) from this sac is injected into the spider's prey to paralyse or kill it

Web spinning

As it dangles on the line the spider spins a Y-fork (1)

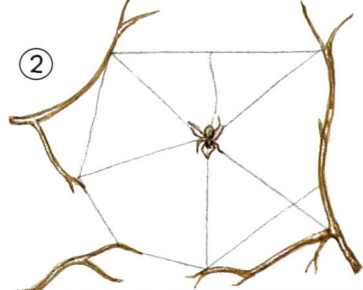

It adds more spokes to the wheel to make a strong web (2)

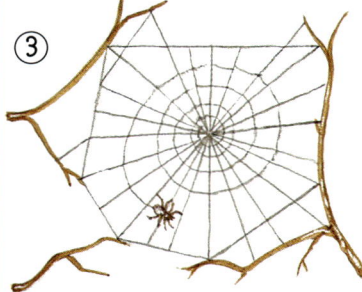

A supporting spiral is laid down before the final sticky spiral (3)

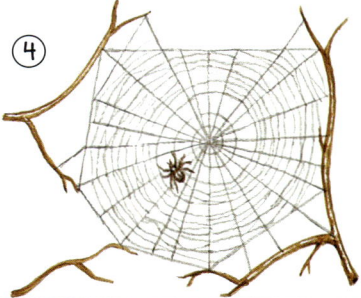

The web is complete and ready for catching insects (4)

To begin its web the spider either floats its silk across a gap so the silk catches on the other side or it walks around trailing the silk behind it. The silken rope is then pulled tight and fixed. Climbing across this line, the spider lays down a stronger one. A loose loop is spun and a Y-shaped fork is created. More spokes are added to help the spider walk across the web and wind its thread round in a spiral. The spider uses its long legs to keep the web an even shape as it spins.

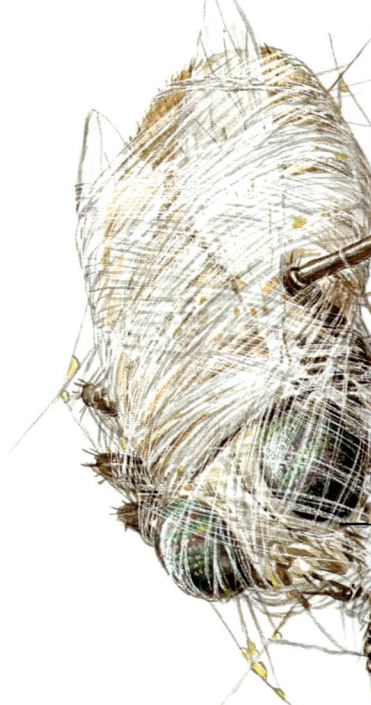

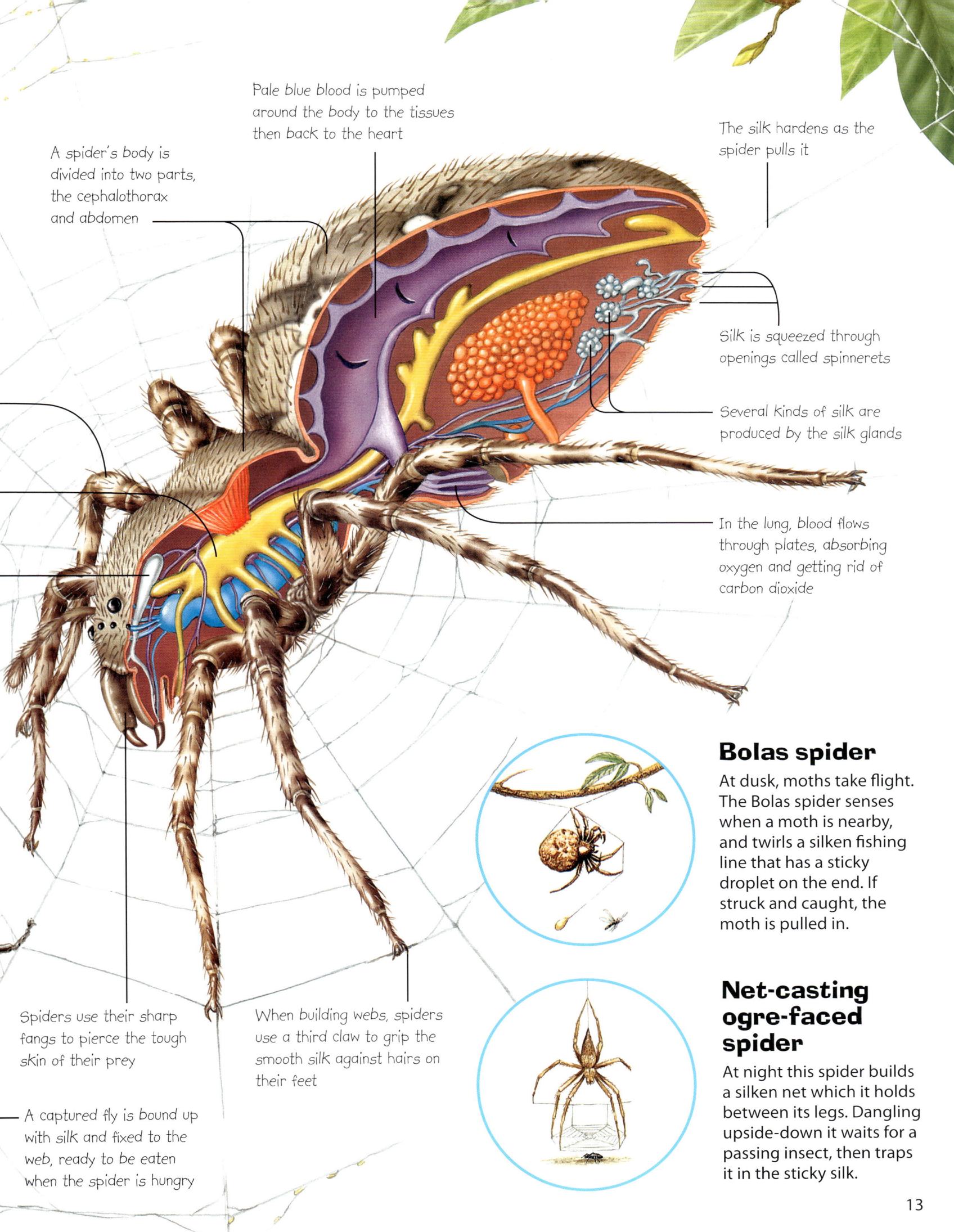

A spider's body is divided into two parts, the cephalothorax and abdomen

Pale blue blood is pumped around the body to the tissues then back to the heart

The silk hardens as the spider pulls it

Silk is squeezed through openings called spinnerets

Several kinds of silk are produced by the silk glands

In the lung, blood flows through plates, absorbing oxygen and getting rid of carbon dioxide

Spiders use their sharp fangs to pierce the tough skin of their prey

When building webs, spiders use a third claw to grip the smooth silk against hairs on their feet

A captured fly is bound up with silk and fixed to the web, ready to be eaten when the spider is hungry

Bolas spider

At dusk, moths take flight. The Bolas spider senses when a moth is nearby, and twirls a silken fishing line that has a sticky droplet on the end. If struck and caught, the moth is pulled in.

Net-casting ogre-faced spider

At night this spider builds a silken net which it holds between its legs. Dangling upside-down it waits for a passing insect, then traps it in the sticky silk.

Grazing Animals

Impala are large grazing antelope found in the savanna woodlands and grasslands of Africa. They live in herds of ten to several hundred individuals. Each herd is led by one of the older males. Younger males act as guards. If they are frightened by another animal, such as a lion, they make a sneezing sound to warn the others, and then the herd bounds away.

An impala can get a good hold on plants and grass by wrapping its long tongue around them. Their sharp incisors (front teeth) bite off blades of grass and plant shoots to eat. The molars (back teeth) have large flattened tops which are ideal for grinding grass. Grass is difficult to digest (break down) and to get enough food impalas have to eat a lot of grass. They eat quickly and then retire to digest it in safety, chewing it a second time. This system of digestion is called rumination.

A four-part stomach

Swallowed food passes into the rumen (1) where it is broken down into small balls of cud. The cud is returned to the mouth for more chewing. Once swallowed again, the food is digested back in the rumen (1), then the reticulum (2). Next, water is squeezed from the food in the omasum (3) and further digested in the abomasum (4) before passing into the intestines.

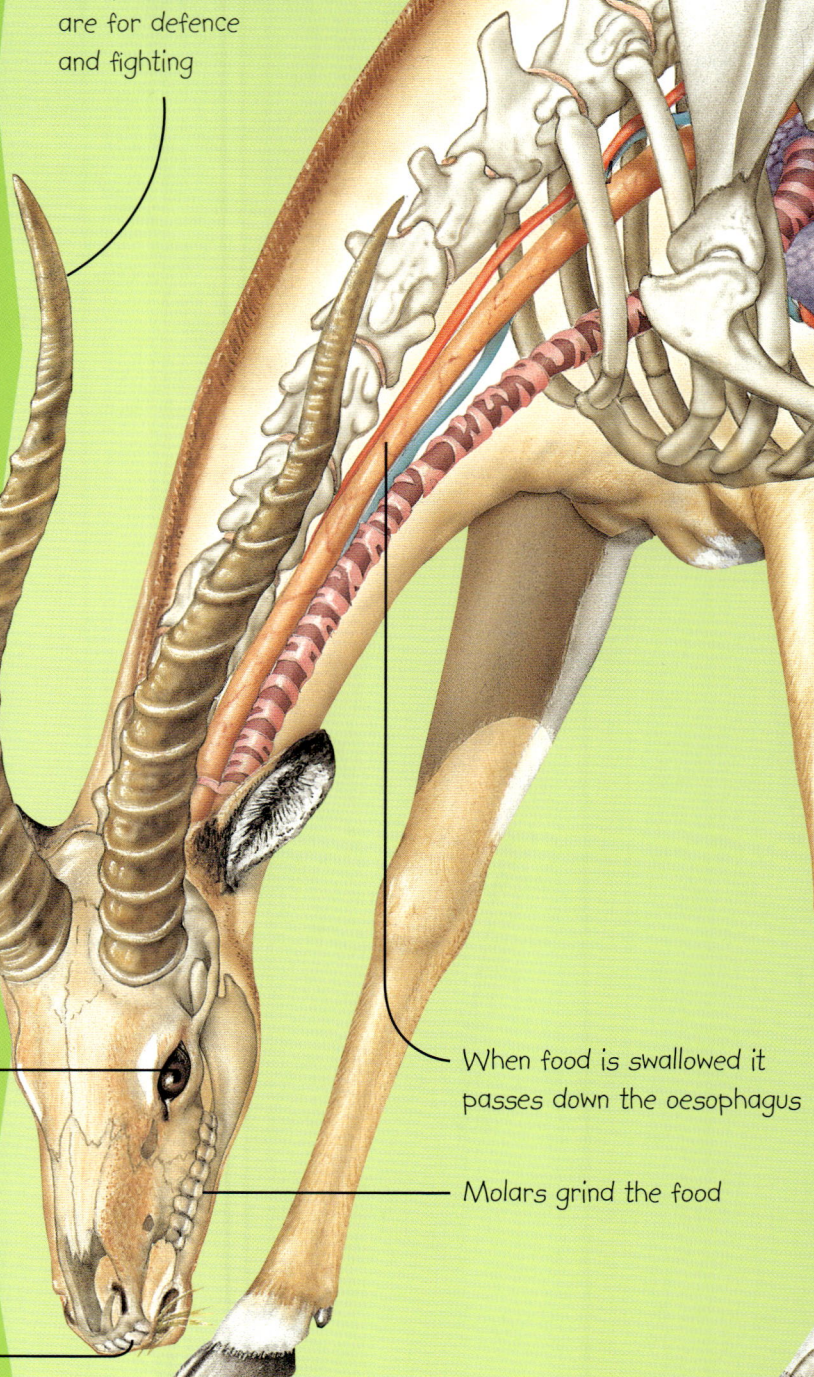

The pointed antlers are for defence and fighting

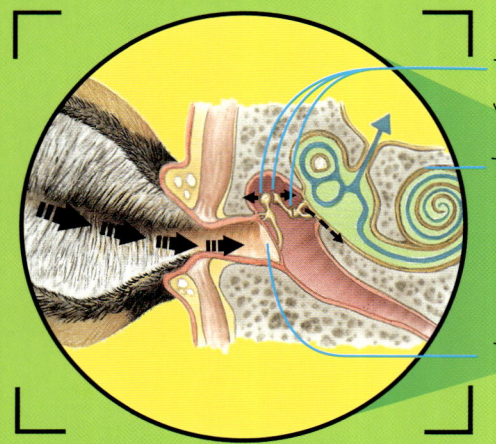

Three tiny bones vibrate

The cochlea

The ear-drum

Large eyes can see all around

When food is swallowed it passes down the oesophagus

Molars grind the food

Sharp incisors bite through tough blades of grass

Listening for danger

Impalas' ears listen for danger. Sound travels into the ear and vibrates the ear-drum. This moves three tiny bones, which in turn move a membrane (thin tissue) causing the liquid in the cochlea to move. This triggers tiny hairs which send signals to the brain.

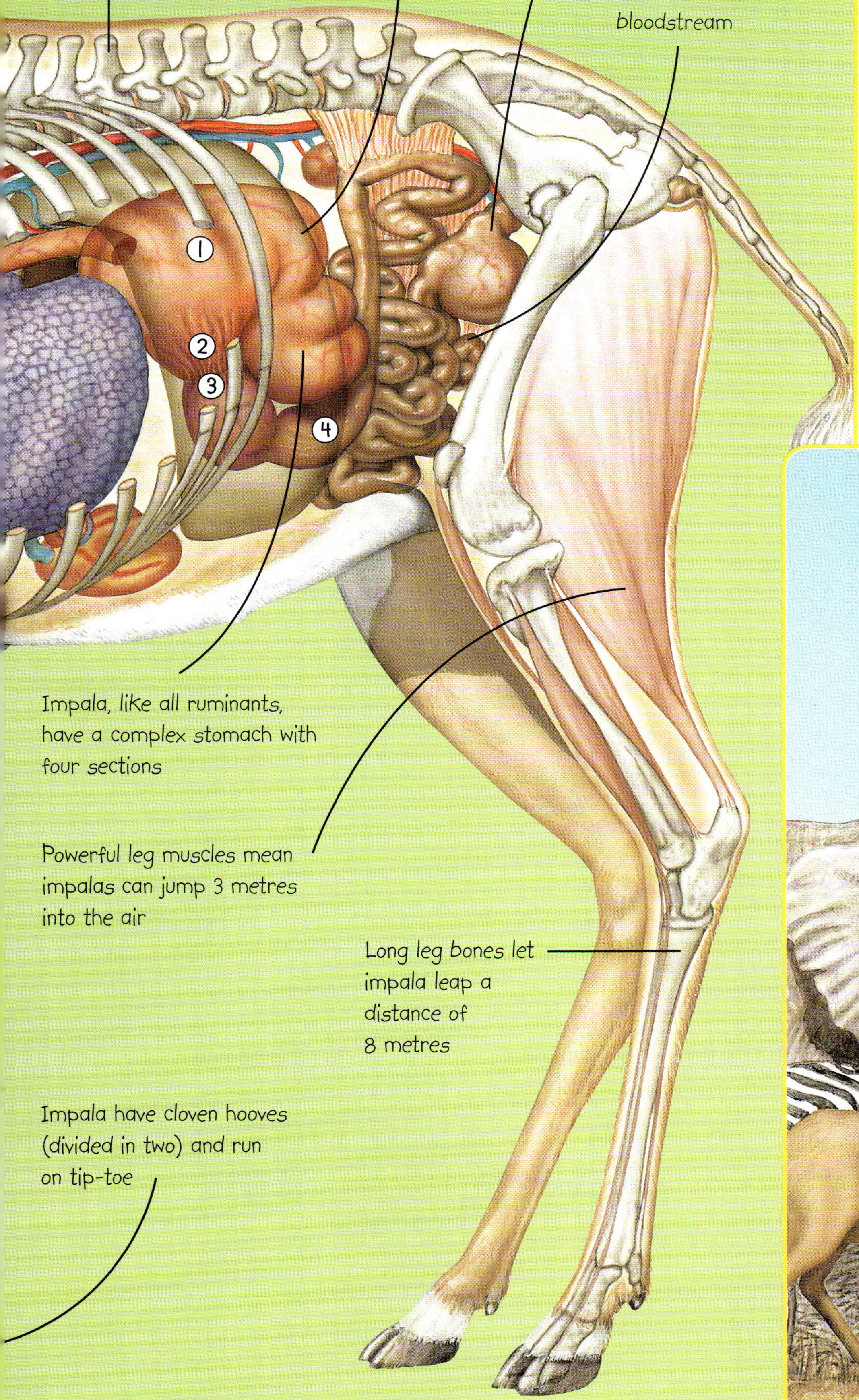

The strong backbone helps with jumping and running

The stomach is part of the digestive system that breaks down and absorbs food into the bloodstream

Waste is formed in the colon

In the small intestines digested food is absorbed into the bloodstream

① ② ③ ④

Impala, like all ruminants, have a complex stomach with four sections

Powerful leg muscles mean impalas can jump 3 metres into the air

Long leg bones let impala leap a distance of 8 metres

Impala have cloven hooves (divided in two) and run on tip-toe

Grazers and browsers

Impala are often seen with other animals such as elephants, giraffe, zebra, wildebeest, gazelle, and even baboons. These herbivores (plant-eaters) feed in different ways. Some are grazers and eat grass and plants that are low to the ground. Others are browsers. They eat taller plants, such as bushes, and the leaves of trees. Impala are grazers but will also browse.

Each animal species eats in its own particular way and finds its own favourite food. In this way they do not compete with one another for the same food. Being together provides some protection against predators (hunters) like lions, leopards, and cheetahs.

Hunters

Hunting animals have special features and skills for catching their prey. The big cats, including the lion, tiger, leopard, jaguar, and cheetah (*right*), hunt the largest animals. They have to be clever, fast, and strong to catch them. Their jaws are short and strong, and they have a powerful skull and large sharp teeth so that they can quickly tear their prey apart. They use their long canine teeth to stab their victims and chisel-like incisors to nip through tough skin. They also have razor-sharp chewing teeth which slice quickly through flesh.

Of all the cats the cheetah is the best known for its hunting ability. It can reach 90 kilometres per hour, making it the fastest animal on four legs. Its slim body is designed for speed.

A long tail helps with *balance* when running at speed

Strong *bones* support the long, flexible tail

Powerful leg muscles drive the cheetah at high speeds

Its long leg bones help it cover distance quickly

A strong Achilles' tendon joins the calf muscles to the heel

Large ankle bones (heels) strengthen the joints for landing

Long lower leg bones help the cheetah to run fast

Hunting

Cheetahs have special features which help them hunt. Their eyes are designed to detect moving prey against the horizon. Hiding in the grass, the cheetah selects its victims. Young gazelle are chased when they are as much as 500 metres away; adult gazelle, who are more alert, are chased when they are up to 50 metres away. A cheetah cannot run at high speed for long as its body would overheat and it would die. To help it cool off, the cheetah has wide nostrils to draw in cooling air. Once it has caught up with its prey the cheetah needs to kill it quickly, as lions and hyenas could easily steal its hard-earned meal. When it bites the neck of small prey, it uses special sensors in its teeth and jaw muscles to find the right spot.

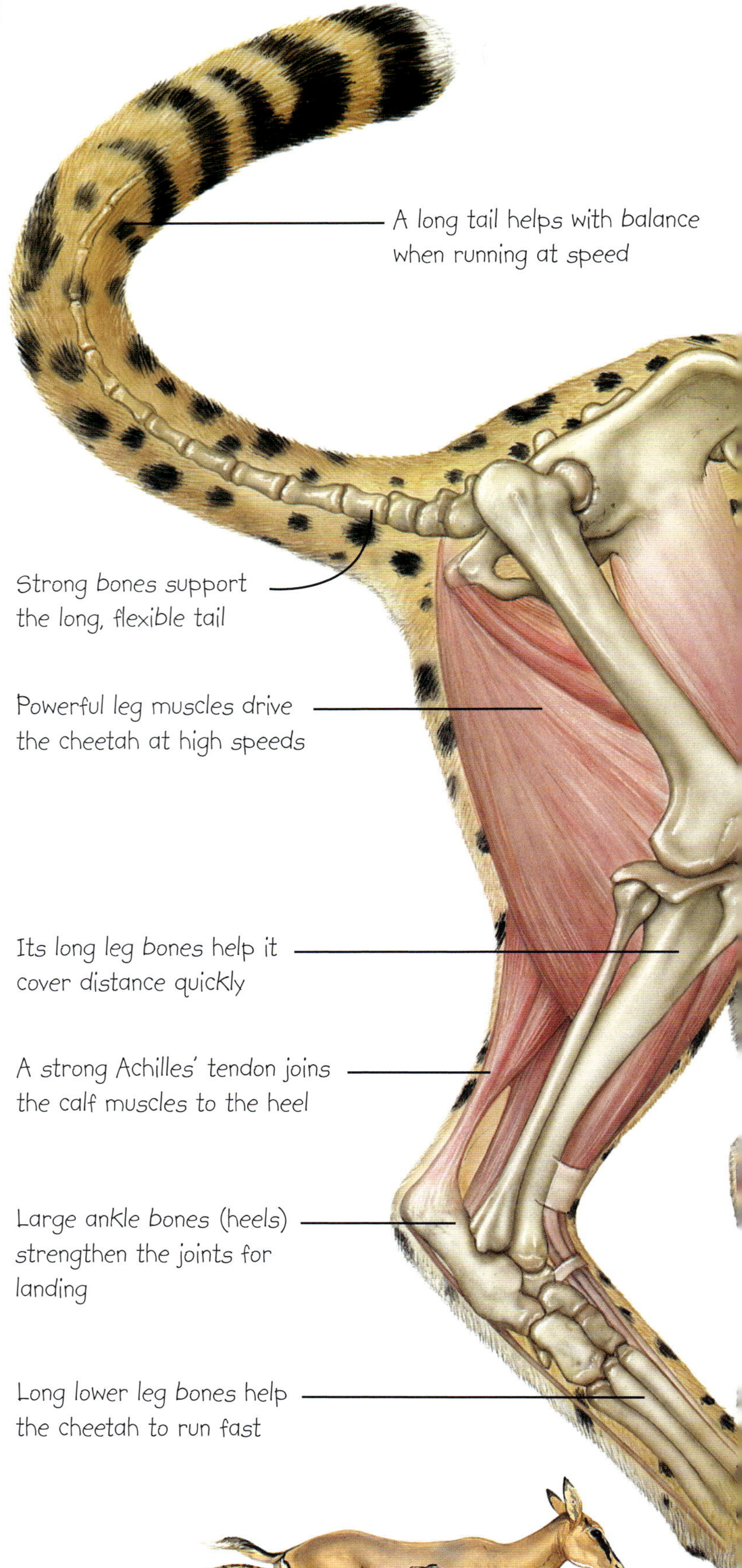

The chase

1. The cheetah stalks its victim before beginning its high-speed chase.

2. Ears back and eyes fixed on its prey, the cheetah bounds forward and begins to build up speed.

3. Its prey spots the cheetah and runs fast to escape, but the cheetah races after it. The cheetah matches the prey's speed and movements before trying to knock it over.

Gripping claws

Most cats use their claws for climbing, running, fighting, and killing. The cheetah uses its claws to grip the ground as it runs. They are its main weapon for catching prey and they help to maim the animal before the kill.

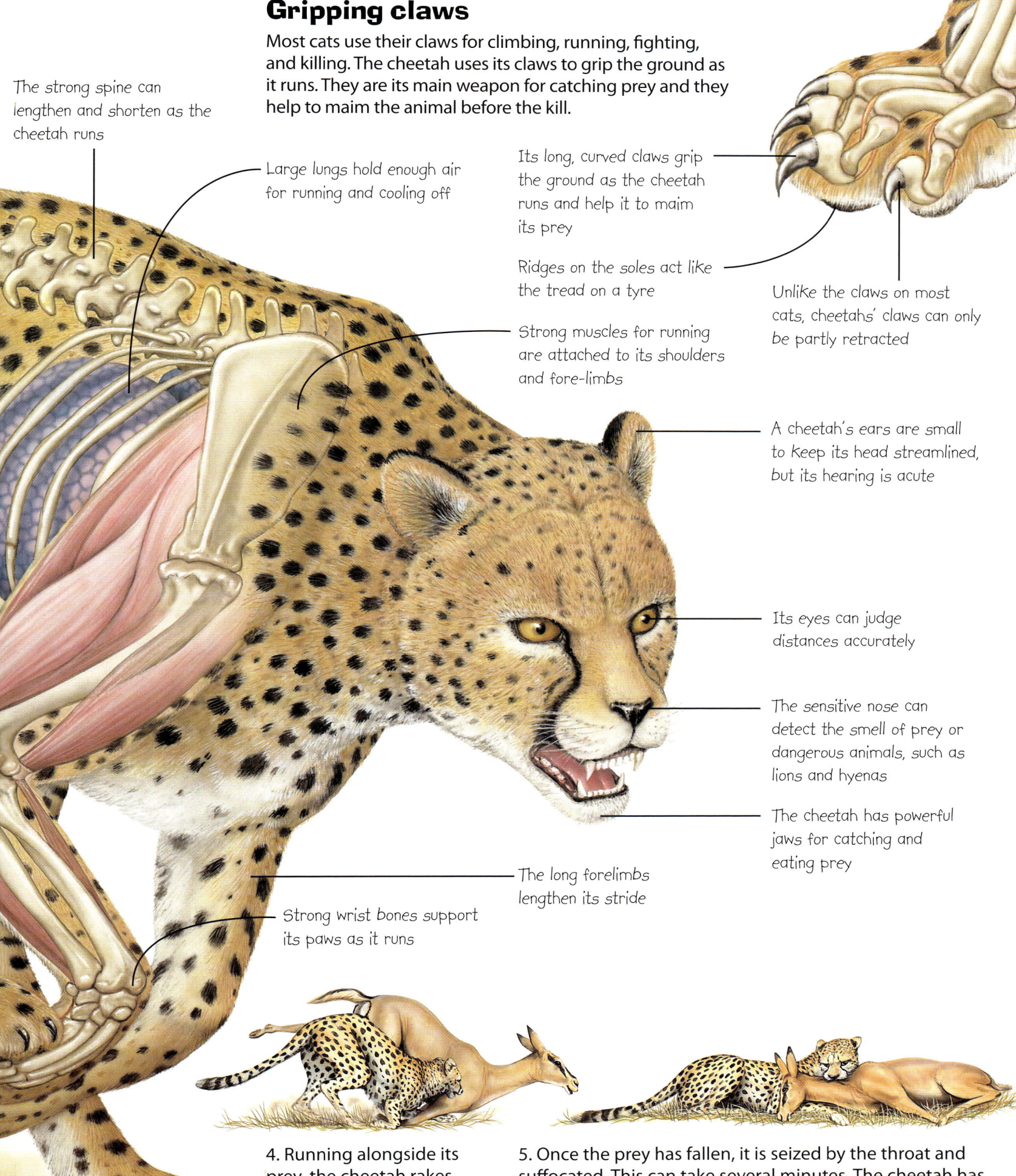

The strong spine can lengthen and shorten as the cheetah runs

Large lungs hold enough air for running and cooling off

Its long, curved claws grip the ground as the cheetah runs and help it to maim its prey

Ridges on the soles act like the tread on a tyre

Strong muscles for running are attached to its shoulders and fore-limbs

Unlike the claws on most cats, cheetahs' claws can only be partly retracted

A cheetah's ears are small to keep its head streamlined, but its hearing is acute

Its eyes can judge distances accurately

The sensitive nose can detect the smell of prey or dangerous animals, such as lions and hyenas

The cheetah has powerful jaws for catching and eating prey

The long forelimbs lengthen its stride

Strong wrist bones support its paws as it runs

4. Running alongside its prey, the cheetah rakes its side with its claws and trips it up.

5. Once the prey has fallen, it is seized by the throat and suffocated. This can take several minutes. The cheetah has to be careful not to get injured as its victim struggles.

Snakes

This snake is called a green bamboo tree viper. It comes from southeast Asia and can grow up to one metre in length. It lives in trees which it can easily climb using a strong tail and rough scales to grasp the twigs and leaves. The viper feeds on small mammals, birds, lizards, and frogs. When baby vipers are born about a dozen appear at a time. Before they are born baby vipers hatch out of their eggs while the eggs are still inside their mother's body.

Because snakes do not have arms or legs to help them catch their food, many have venom (poison) instead. The venom can kill the live animal so that it is ready to eat. Some snakes do not use venom. Instead they feed on prey that is too slow or too small to escape. They either grab and eat it quickly, or coil their bodies around it and suffocate it.

Shedding its skin

As the skin wears and the body grows, snakes must shed their skin. A new skin forms beneath the old. The old skin splits at the head and the snake scrapes it back, peeling it off like a sock.

The backbone is very flexible

Digestion of food starts in the stomach

This organ picks up the body heat of nearby animals

Closed mouth

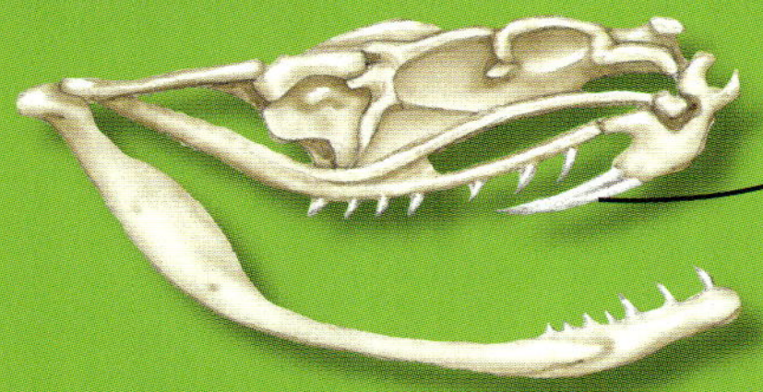

The fangs are tucked inside

Open mouth

The fangs swing forward and out

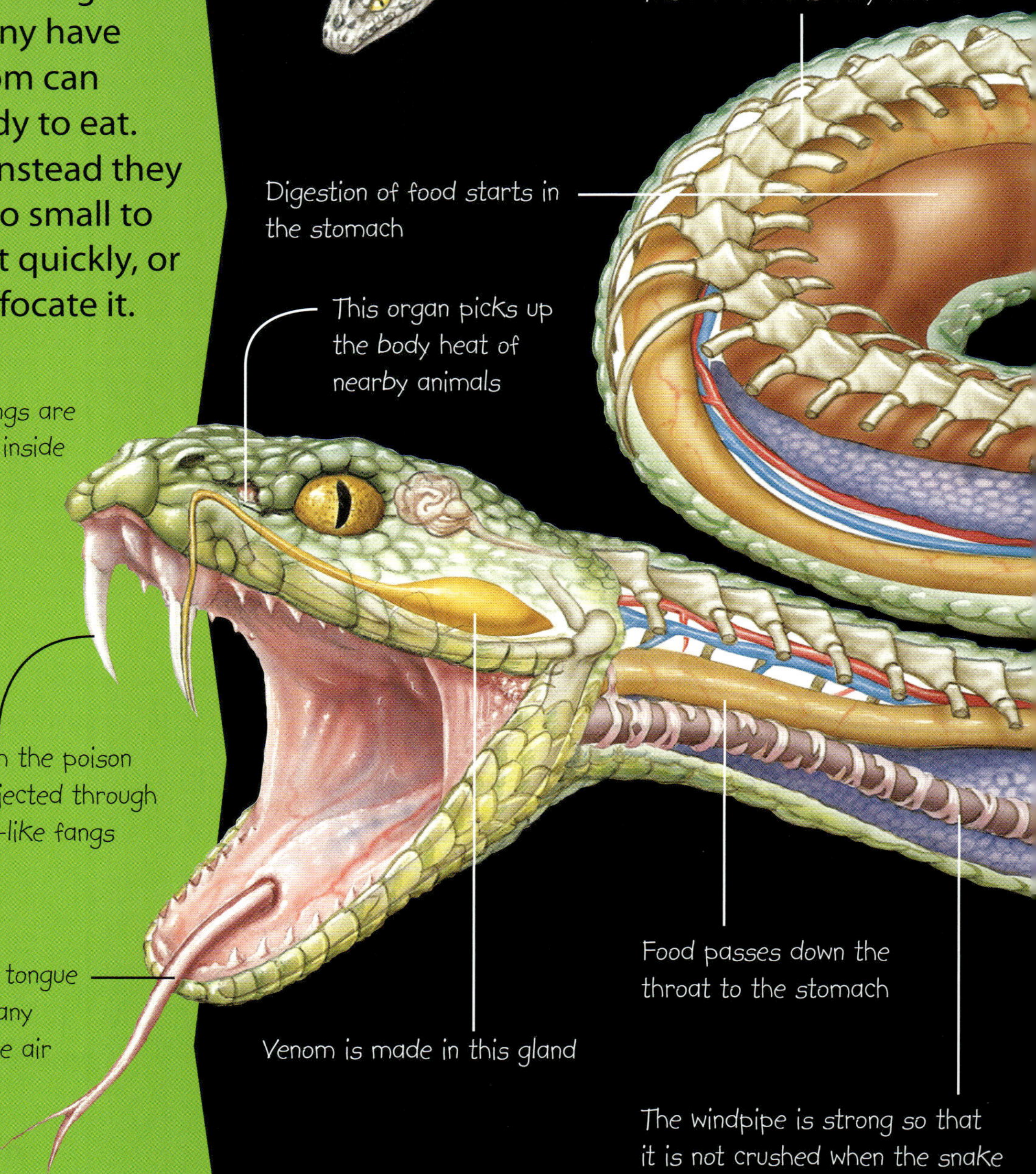

Venom from the poison glands is injected through the syringe-like fangs

The forked tongue can 'taste' any smells in the air

Venom is made in this gland

Food passes down the throat to the stomach

The windpipe is strong so that it is not crushed when the snake swallows a large animal

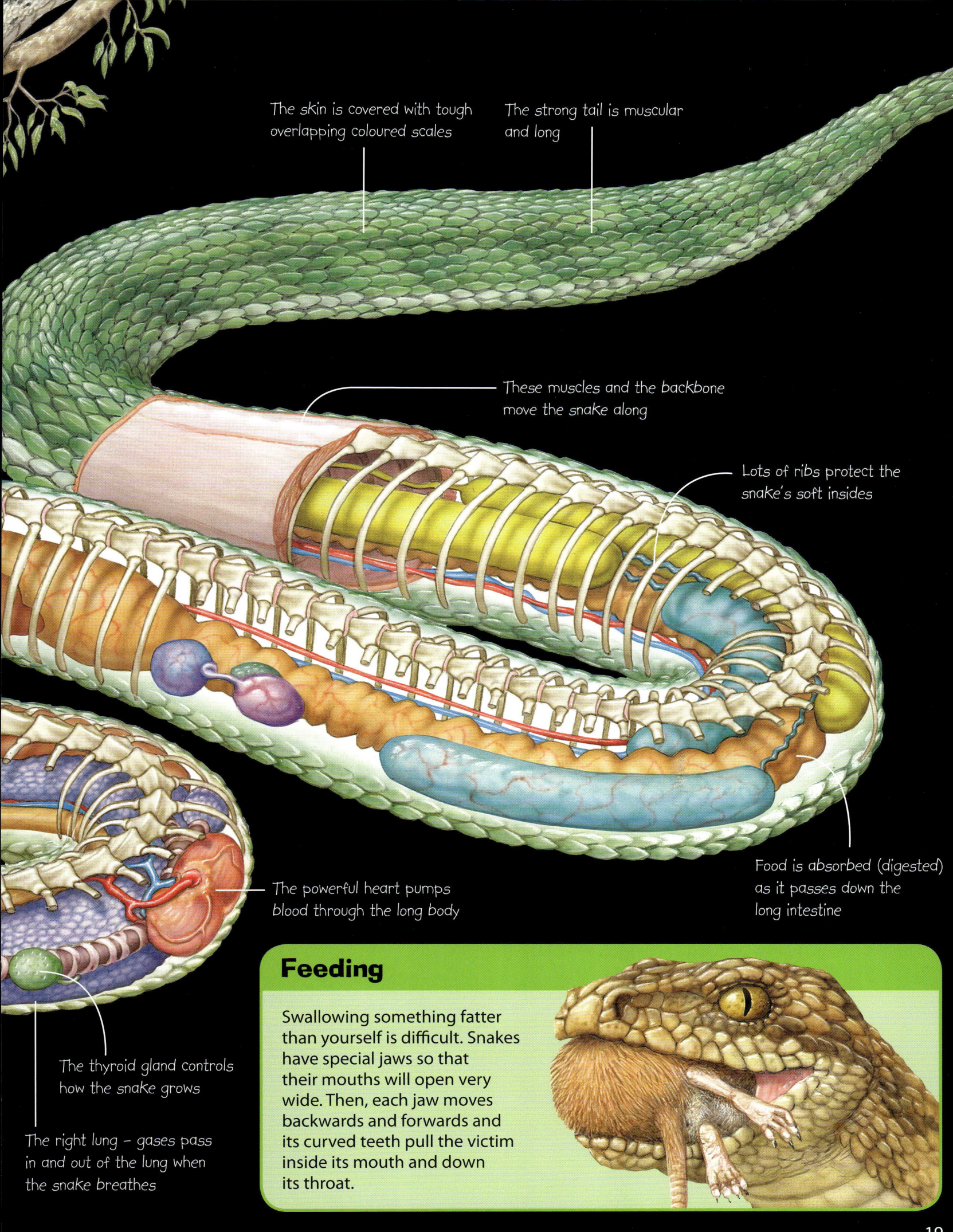

The skin is covered with tough overlapping coloured scales

The strong tail is muscular and long

These muscles and the backbone move the snake along

Lots of ribs protect the snake's soft insides

Food is absorbed (digested) as it passes down the long intestine

The powerful heart pumps blood through the long body

The thyroid gland controls how the snake grows

The right lung – gases pass in and out of the lung when the snake breathes

Feeding

Swallowing something fatter than yourself is difficult. Snakes have special jaws so that their mouths will open very wide. Then, each jaw moves backwards and forwards and its curved teeth pull the victim inside its mouth and down its throat.

Sea Mammals

Whales, seals, and sealions are all marine (sea-dwelling) mammals. Being mammals they are warm-blooded, breathe air, and give birth to live young who are suckled on milk produced by their mother. Seals and sealions do not live in the sea all the time. They come ashore to rest and rear their young. Whales spend all their life in the sea and never go on land except accidentally, if they become stranded.

Whales are perfectly designed for their ocean life. They are smooth, streamlined and have a powerful tail, making them excellent swimmers. They often dive to depths where there is no light, but they know where they are by using sound. This system of 'seeing' is called echolocation (*see pages 10–11*).

Blowhole

The whale has its nostril on top of its head. It closes when the whale travels downwards. As it surfaces, waste air in the lungs expands and is forced out of the blowhole.

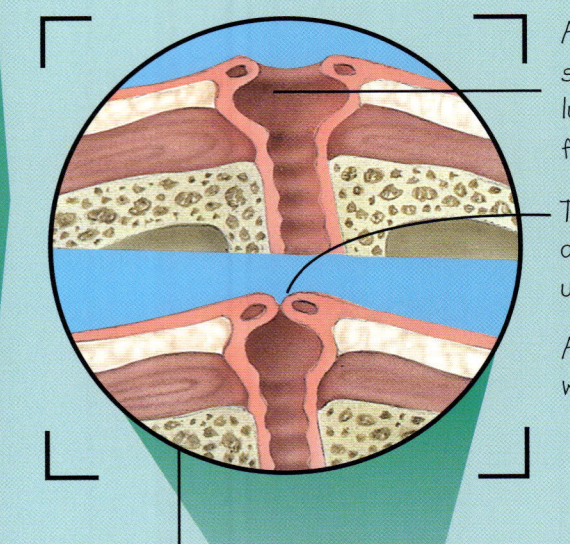

As the whale surfaces, air in the lungs expands and is forced out

The blowhole is closed as the whale swims underwater

A humpback whale can weigh up to 80 tonnes

Cross-sections of a whale's blowhole

Horny knobs of skin are home to worms and other creatures

The baleen are attached to the upper jaw

Baleen

Hard brush-like plates, called baleen, hang down inside the whale's mouth. Each of the hundreds of plates are covered in fine bristles. As its mouth opens, water floods in, sometimes carrying with it the whale's favourite food of tiny shrimp-like creatures called krill. When its mouth closes, the water is forced out through the bristles, trapping the krill.

The tongue squeezes water from the mouth, scrapes the krill from the baleen, and pushes it down the throat

The jaws open very wide when it feeds

Pleats (folds in the skin) unfold as the mouth fills with water

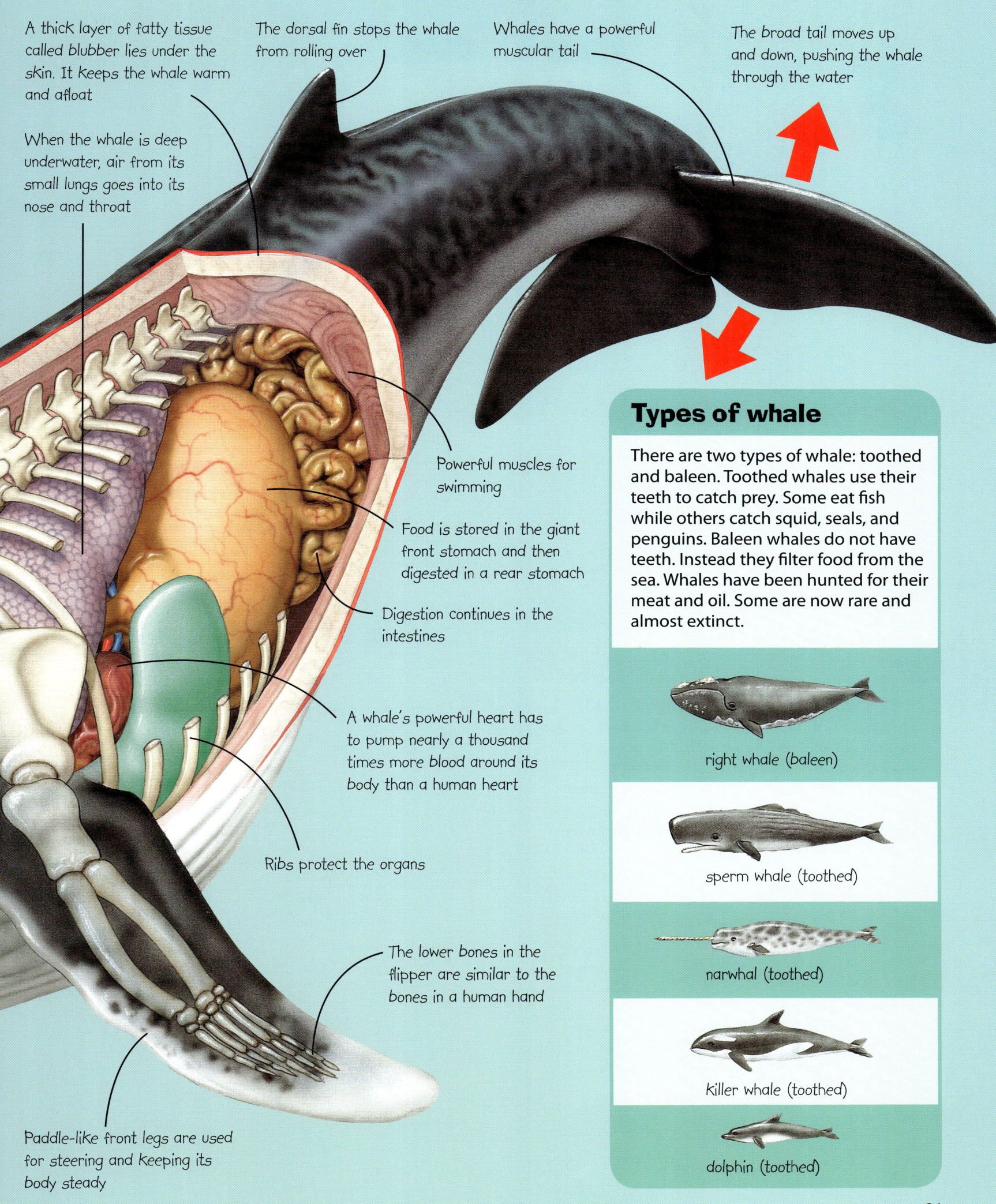

A thick layer of fatty tissue called blubber lies under the skin. It keeps the whale warm and afloat

The dorsal fin stops the whale from rolling over

Whales have a powerful muscular tail

The broad tail moves up and down, pushing the whale through the water

When the whale is deep underwater, air from its small lungs goes into its nose and throat

Powerful muscles for swimming

Food is stored in the giant front stomach and then digested in a rear stomach

Digestion continues in the intestines

A whale's powerful heart has to pump nearly a thousand times more blood around its body than a human heart

Ribs protect the organs

The lower bones in the flipper are similar to the bones in a human hand

Paddle-like front legs are used for steering and keeping its body steady

Types of whale

There are two types of whale: toothed and baleen. Toothed whales use their teeth to catch prey. Some eat fish while others catch squid, seals, and penguins. Baleen whales do not have teeth. Instead they filter food from the sea. Whales have been hunted for their meat and oil. Some are now rare and almost extinct.

right whale (baleen)

sperm whale (toothed)

narwhal (toothed)

killer whale (toothed)

dolphin (toothed)

Self-defence

Animals have to defend themselves against attack. They do this in different ways. Some use violence and they may be big and fierce, armed with sharp teeth, poison, or strong claws. Gentle animals like antelope can also be violent, using their antlers to fight off an enemy. A few creatures use special defences. Porcupines have spines, camels spit, and bees sting.

Disguise can also be used for self-protection. Some animals use colour and the shape of their body to disguise themselves. This defence is called camouflage. They are coloured to match their surroundings, making them invisible to predators. Some look like leaves, others like stones. Their colouring can also act as a warning, signalling that they are poisonous or dangerous.

Insect camouflage

Insects are often camouflaged to match their surroundings. They hide away amongst the leaves and stems of plants where they live. As they eat they move slowly to avoid drawing attention to themselves.

The lantern bug matches the colour of the leaves

A prickly ball

Hedgehogs are bold and move about noisily at night, hunting for worms, insects, snails, and even small snakes. They can do this because they are protected from most predators by stiff spines on their back and sides. The spines are in fact hollow, sharp hairs. If frightened, a hedgehog rolls up into a tight prickly ball as its muscles contract (shorten).

The hedgehog rolls into a ball if frightened

The spines lie flat unless there is danger

As the spine muscles contract, the spines are raised

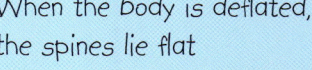
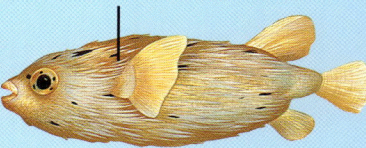

When the body is deflated, the spines lie flat

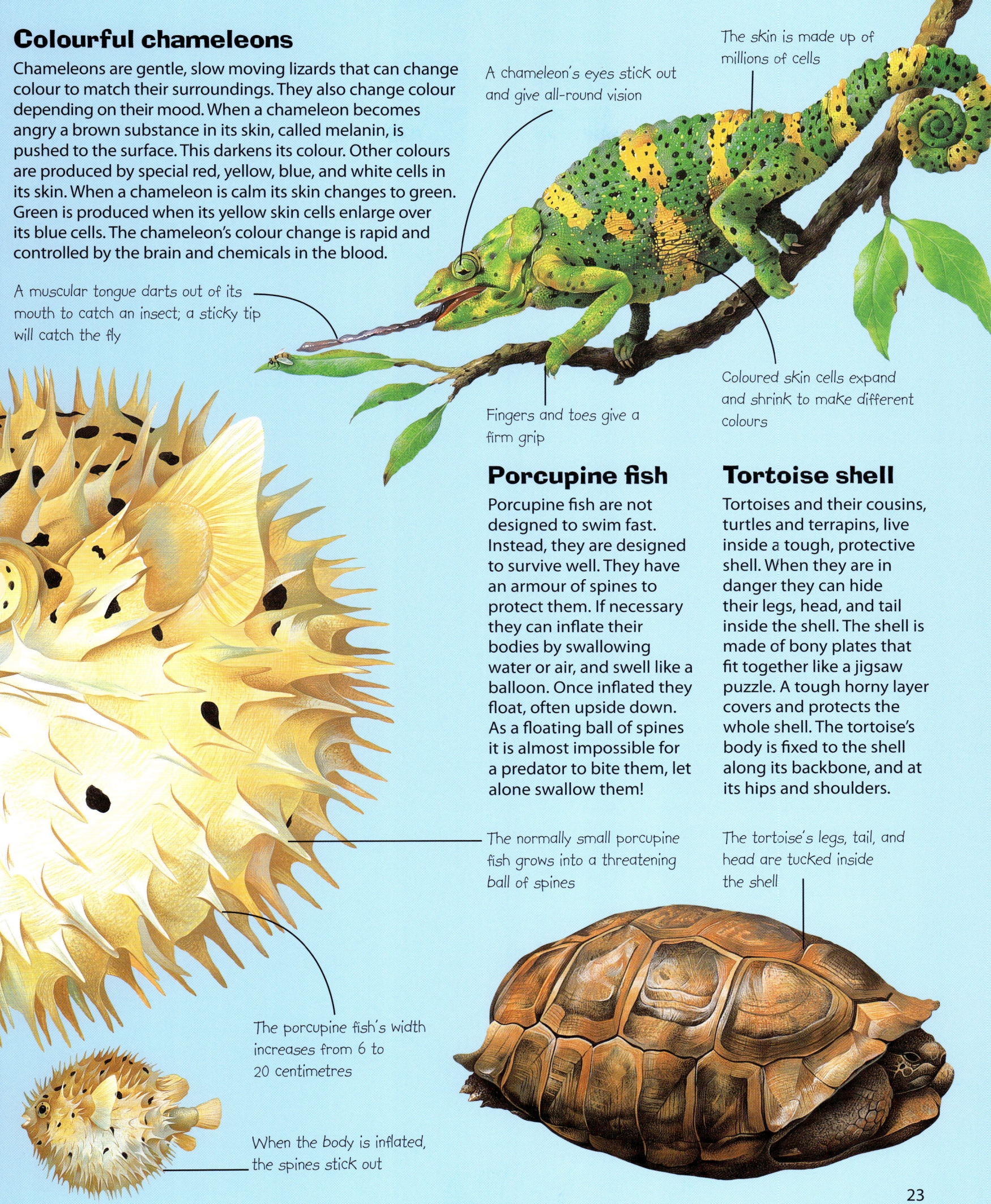

Colourful chameleons

Chameleons are gentle, slow moving lizards that can change colour to match their surroundings. They also change colour depending on their mood. When a chameleon becomes angry a brown substance in its skin, called melanin, is pushed to the surface. This darkens its colour. Other colours are produced by special red, yellow, blue, and white cells in its skin. When a chameleon is calm its skin changes to green. Green is produced when its yellow skin cells enlarge over its blue cells. The chameleon's colour change is rapid and controlled by the brain and chemicals in the blood.

A chameleon's eyes stick out and give all-round vision

The skin is made up of millions of cells

A muscular tongue darts out of its mouth to catch an insect; a sticky tip will catch the fly

Fingers and toes give a firm grip

Coloured skin cells expand and shrink to make different colours

Porcupine fish

Porcupine fish are not designed to swim fast. Instead, they are designed to survive well. They have an armour of spines to protect them. If necessary they can inflate their bodies by swallowing water or air, and swell like a balloon. Once inflated they float, often upside down. As a floating ball of spines it is almost impossible for a predator to bite them, let alone swallow them!

The normally small porcupine fish grows into a threatening ball of spines

The porcupine fish's width increases from 6 to 20 centimetres

When the body is inflated, the spines stick out

Tortoise shell

Tortoises and their cousins, turtles and terrapins, live inside a tough, protective shell. When they are in danger they can hide their legs, head, and tail inside the shell. The shell is made of bony plates that fit together like a jigsaw puzzle. A tough horny layer covers and protects the whole shell. The tortoise's body is fixed to the shell along its backbone, and at its hips and shoulders.

The tortoise's legs, tail, and head are tucked inside the shell

23

Inside Shells

Some animals live inside a shell. They belong to the mollusc family, which includes snails, clams, and mussels. Octopus and squid are also molluscs but they do not have a shell. Molluscs live in water – in the sea, and in rivers, lakes, and ponds – and on land. Their body is made up of four parts. There is a head, with eyes, tentacles, and a mouth. There is also a muscular foot. Above the foot is a lump which holds the internal organs. Finally, there is a sheet of tissue, called the mantle, which grows over the lump and produces the shell.

Some molluscs have more than one shell. These are made of a tough chalky substance. Between the body tissues and the mantle is a space which holds the gills (for breathing) and openings from the intestine, reproductive organs, and kidneys.

Spiral shell

Over 75,000 different kinds of snails are known. Each snail lives in its own type of coloured shell. The shell has an opening called the aperture and is usually twisted into a spiral. Each spiral twist is called a whorl. Shells are coloured for camouflage or to warn off predators because they are poisonous. The largest, the trumpet conch, can reach over 450 cm while the smallest, the pupa, is less than 4 mm long.

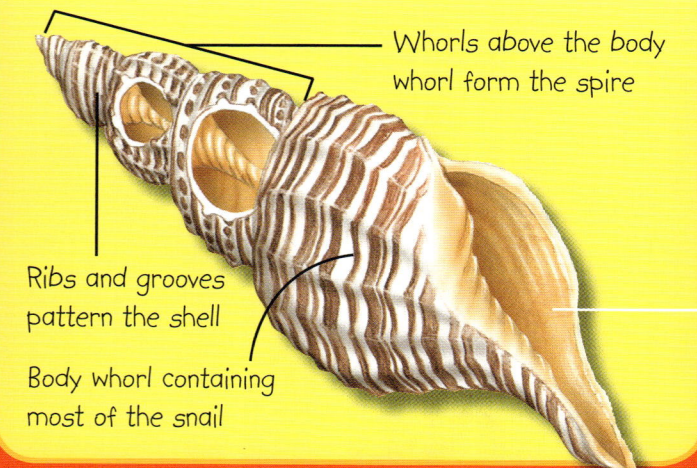

Whorls above the body whorl form the spire

Ribs and grooves pattern the shell

Body whorl containing most of the snail

Body and foot extend through the aperture

Snail

Snails glide along on a large foot. This does not simply help the snail to get from place to place; it is also joined with the head and contains many of its organs, including its brain, eyes, tentacles, and mouth. This is why snails are called gastropods, which means 'head-foot'. Their long coiled intestine is tucked away inside their shell, together with the kidney and reproductive organs. Snails mostly eat plant material but some eat other snails, drilling holes into them to get at them.

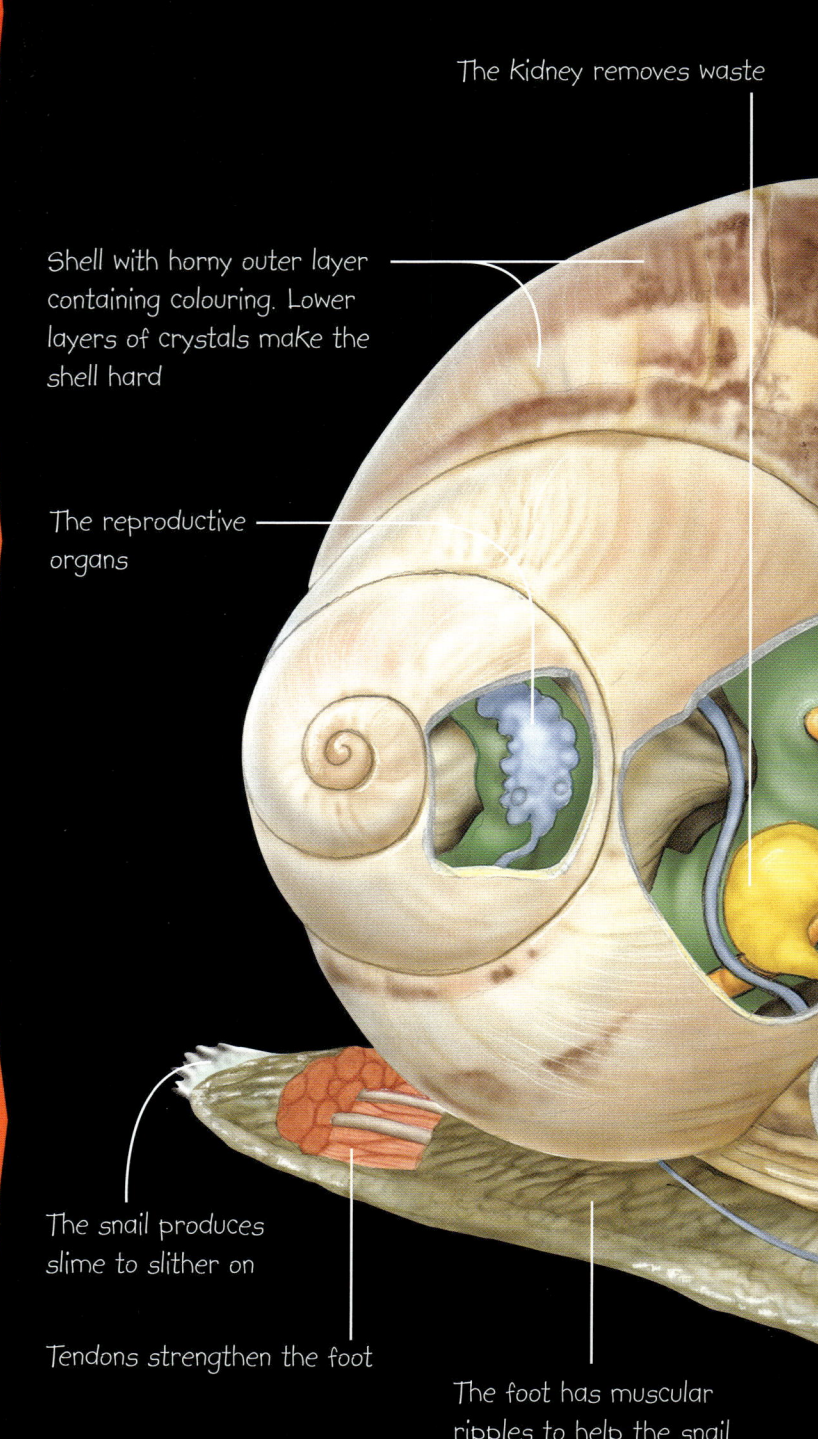

The kidney removes waste

Shell with horny outer layer containing colouring. Lower layers of crystals make the shell hard

The reproductive organs

The snail produces slime to slither on

Tendons strengthen the foot

The foot has muscular ripples to help the snail glide along

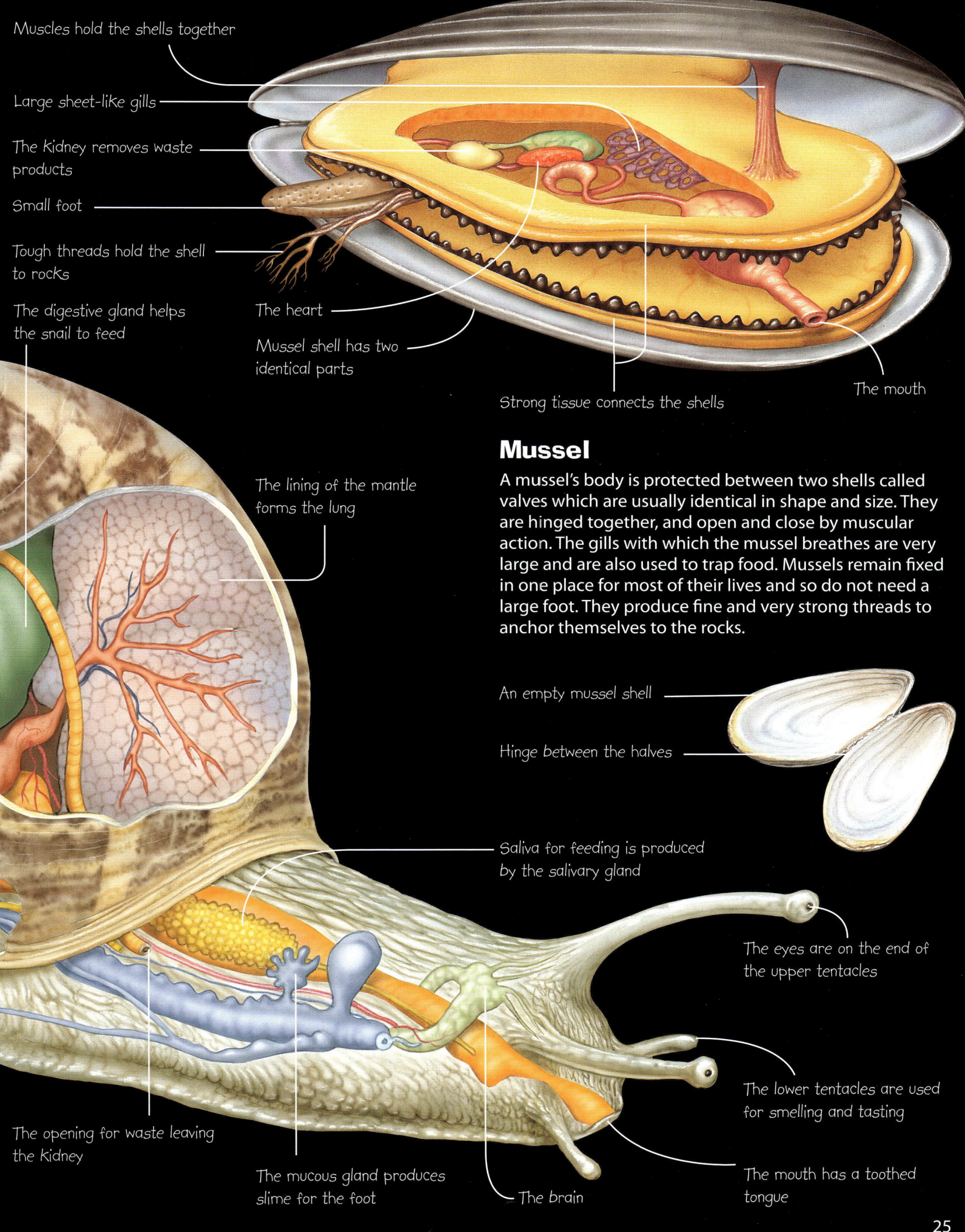

Muscles hold the shells together

Large sheet-like gills

The kidney removes waste products

Small foot

Tough threads hold the shell to rocks

The digestive gland helps the snail to feed

The heart

Mussel shell has two identical parts

Strong tissue connects the shells

The mouth

Mussel

A mussel's body is protected between two shells called valves which are usually identical in shape and size. They are hinged together, and open and close by muscular action. The gills with which the mussel breathes are very large and are also used to trap food. Mussels remain fixed in one place for most of their lives and so do not need a large foot. They produce fine and very strong threads to anchor themselves to the rocks.

An empty mussel shell

Hinge between the halves

The lining of the mantle forms the lung

Saliva for feeding is produced by the salivary gland

The eyes are on the end of the upper tentacles

The lower tentacles are used for smelling and tasting

The opening for waste leaving the kidney

The mucous gland produces slime for the foot

The brain

The mouth has a toothed tongue

Spineless Life

Many animals do not have a backbone. They are called invertebrates and include corals, worms, insects, and snails. Their muscles are supported by firm tissue, bags of gas or liquid, or a hard outer skeleton. Animals with no hard skeleton make a soft, easy meal, so some hide away in tubes or burrows; others are able to defend themselves with spines and stings.

The Portuguese man-of-war is a soft-bodied invertebrate. It is unusual in that it is made up of various small animals called polyps. Each polyp performs a different function: feeding, digesting, stinging, reproducing, and keeping afloat. It is blown along on the warm seas, kept afloat by a bladder full of gas, which acts as a sail. Its tentacles hang down several metres, catching fish to eat.

Deadly weapons

The tentacles on a man-of-war carry special cells called cnidocysts that contain deadly weapons. When touched, triggers fire poison-filled threads. The threads shoot out and spear the victim, injecting it with poison. Once fired the cells are replaced by new ones.

A barb (like a fish-hook) is released with the poison-filled thread

Each poisonous cell has a trigger

Cells that have been fired are replaced

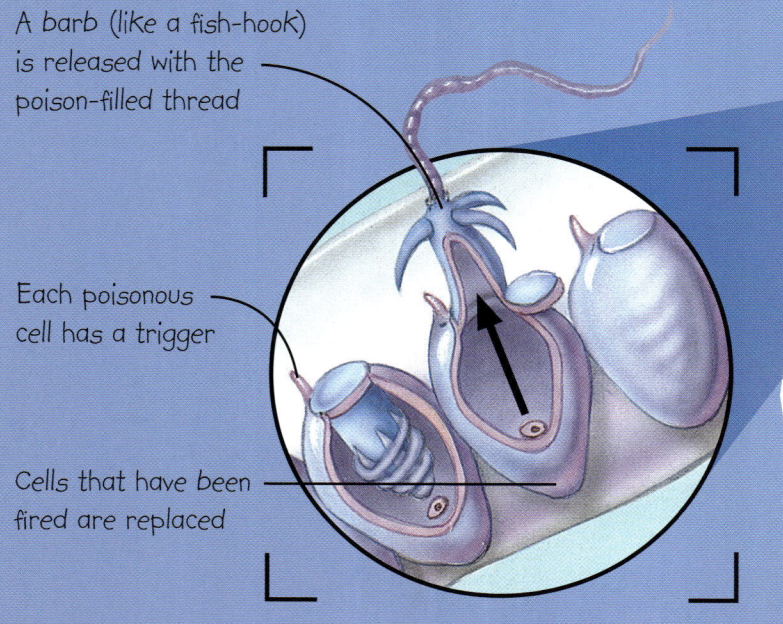

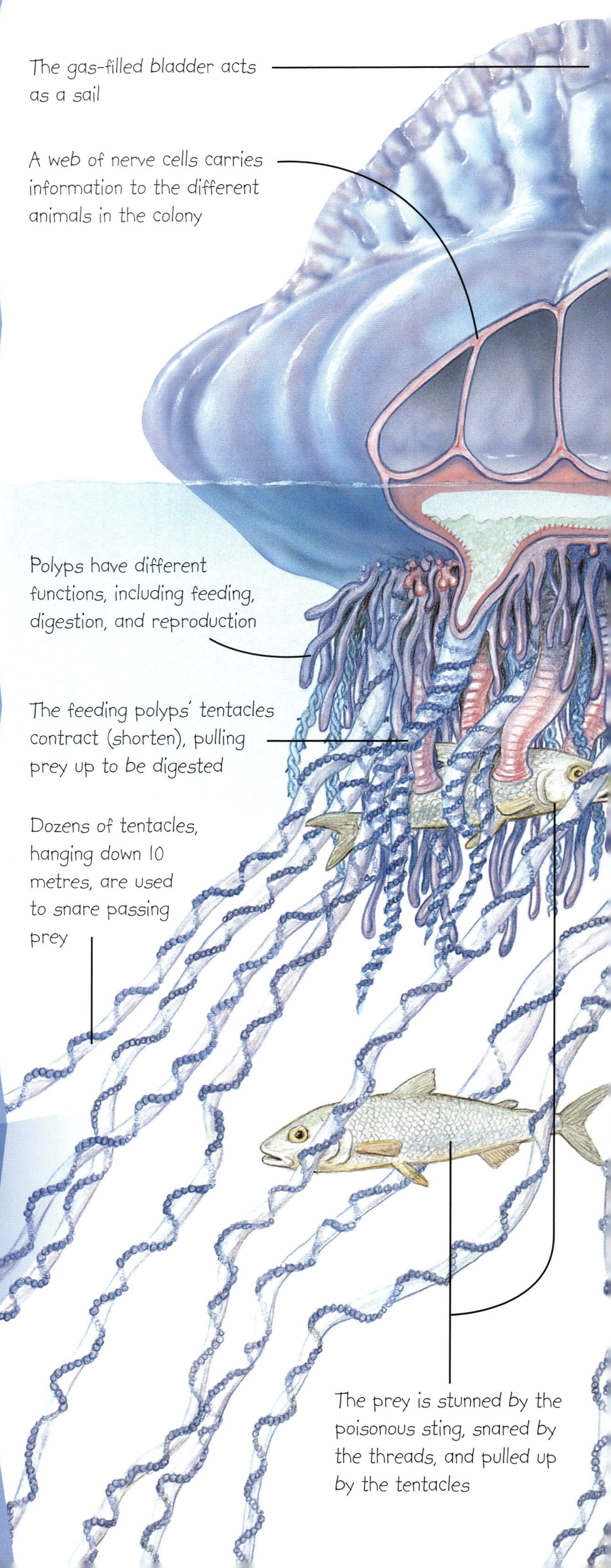

The gas-filled bladder acts as a sail

A web of nerve cells carries information to the different animals in the colony

Polyps have different functions, including feeding, digestion, and reproduction

The feeding polyps' tentacles contract (shorten), pulling prey up to be digested

Dozens of tentacles, hanging down 10 metres, are used to snare passing prey

The prey is stunned by the poisonous sting, snared by the threads, and pulled up by the tentacles

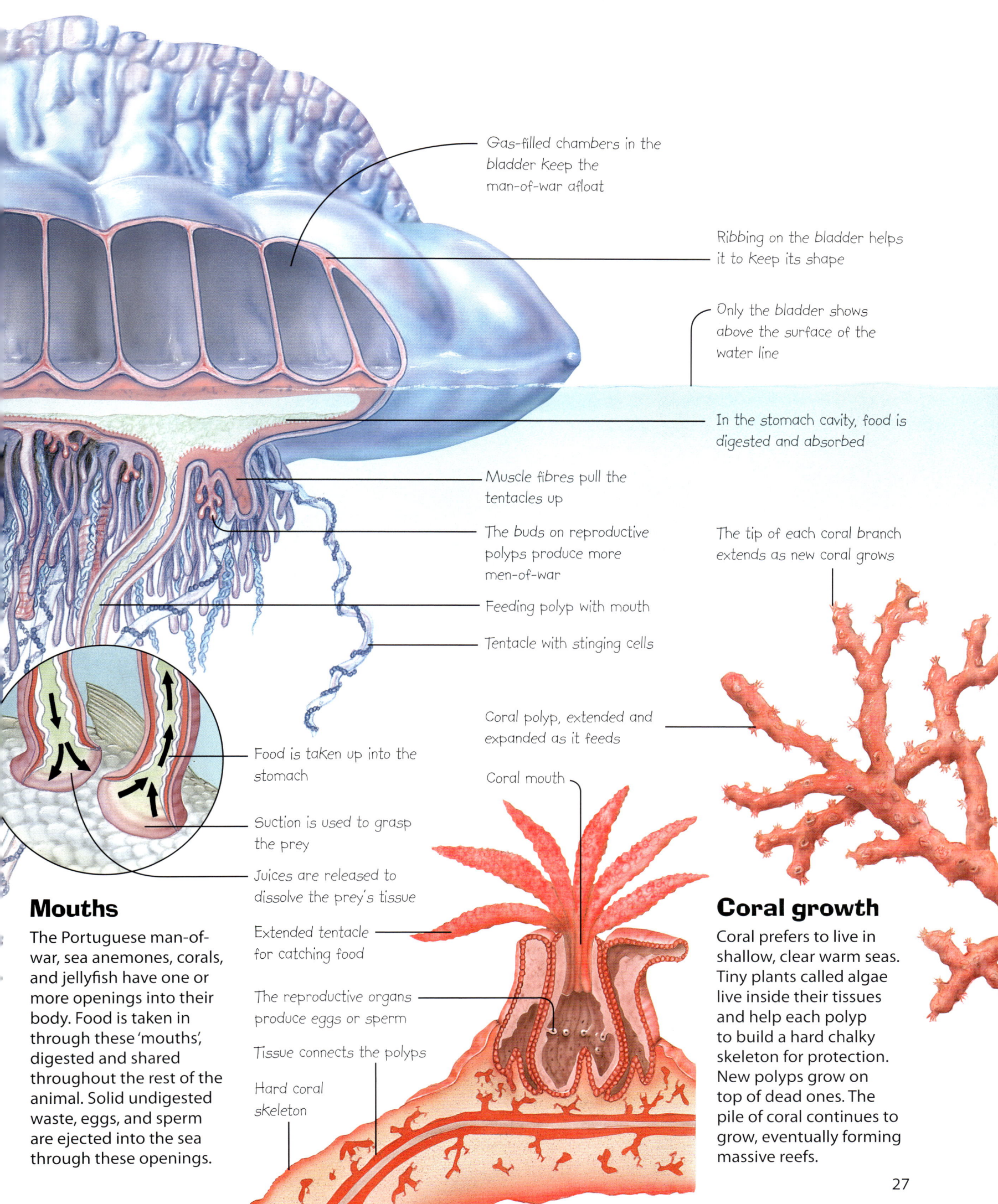

Gas-filled chambers in the bladder keep the man-of-war afloat

Ribbing on the bladder helps it to keep its shape

Only the bladder shows above the surface of the water line

In the stomach cavity, food is digested and absorbed

Muscle fibres pull the tentacles up

The buds on reproductive polyps produce more men-of-war

Feeding polyp with mouth

Tentacle with stinging cells

The tip of each coral branch extends as new coral grows

Coral polyp, extended and expanded as it feeds

Coral mouth

Food is taken up into the stomach

Suction is used to grasp the prey

Juices are released to dissolve the prey's tissue

Extended tentacle for catching food

The reproductive organs produce eggs or sperm

Tissue connects the polyps

Hard coral skeleton

Mouths

The Portuguese man-of-war, sea anemones, corals, and jellyfish have one or more openings into their body. Food is taken in through these 'mouths', digested and shared throughout the rest of the animal. Solid undigested waste, eggs, and sperm are ejected into the sea through these openings.

Coral growth

Coral prefers to live in shallow, clear warm seas. Tiny plants called algae live inside their tissues and help each polyp to build a hard chalky skeleton for protection. New polyps grow on top of dead ones. The pile of coral continues to grow, eventually forming massive reefs.

27

Insect Life

There are more insects and different types of insects than any other animal. Insects make use of almost every type of environment, from the dark, damp forest floor to the dry heat of the desert. Their bodies are covered in a tough but light armour called cuticle. Cuticle can be soft and flexible or very hard. For example, the jaw of a cockroach can cut through a lead pipe! Cuticle is also waterproof. The cuticle is one of the main reasons that insects are so successful.

The insect's body is divided into three parts: head, thorax, and abdomen. The head carries the eyes, antennae (feelers), and mouth parts, and it also houses the brain. The thorax supports the wings and three pairs of legs, and is the powerhouse for the insect's movement. The abdomen holds the intestines and other internal organs.

Tools for eating

the mouth of a fly

saliva pours out

food is sucked up

Insects have three sets of 'jaws', or mouth parts. The designs of these parts can vary enormously between different species. Some chew, others bite or cut, stab, pierce, rasp, pinch, drill, inject, or lick.
Flies eat almost any liquid or semi-liquid food, from rotting matter to nectar. Saliva is poured down from the fly's salivary glands and spread onto the food. The saliva mixes with the food and is used to soften it if it is very hard. The fly then uses delicate tubes to suck the meal up into its stomach.

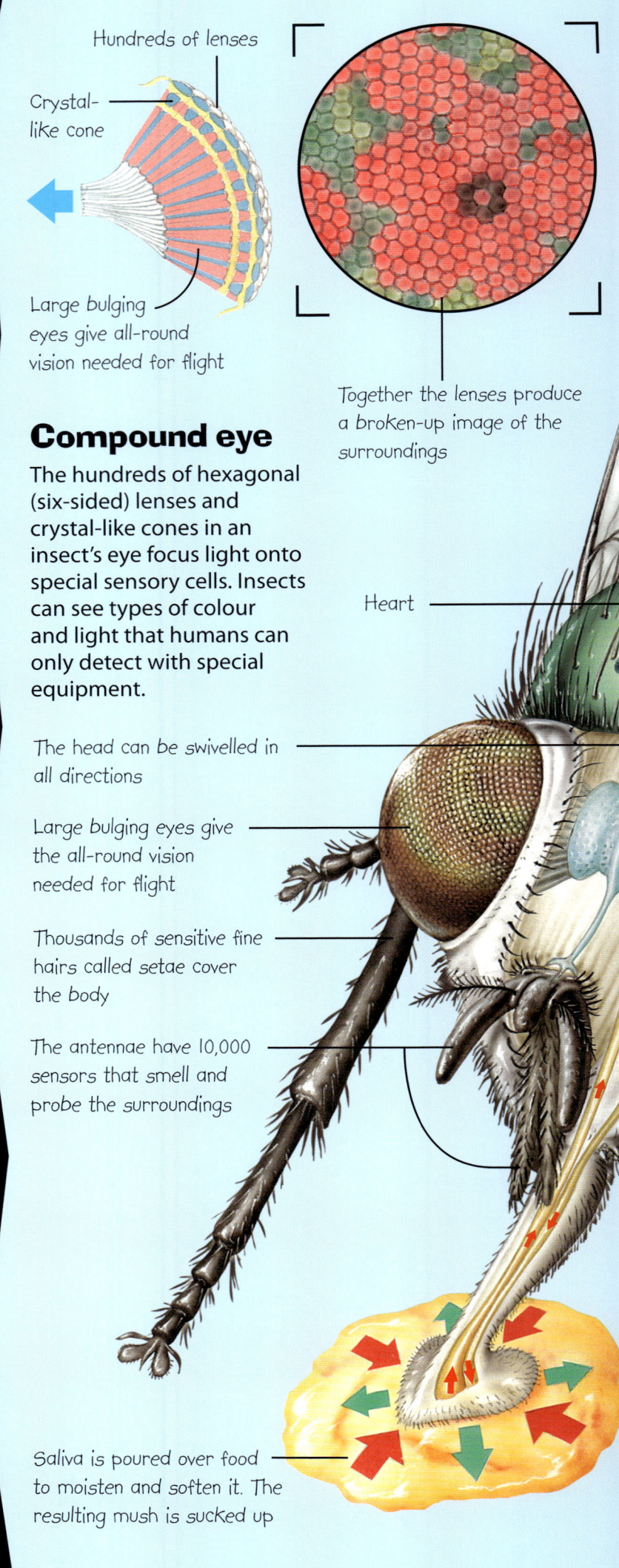

Hundreds of lenses

Crystal-like cone

Large bulging eyes give all-round vision needed for flight

Together the lenses produce a broken-up image of the surroundings

Compound eye

The hundreds of hexagonal (six-sided) lenses and crystal-like cones in an insect's eye focus light onto special sensory cells. Insects can see types of colour and light that humans can only detect with special equipment.

Heart

The head can be swivelled in all directions

Large bulging eyes give the all-round vision needed for flight

Thousands of sensitive fine hairs called setae cover the body

The antennae have 10,000 sensors that smell and probe the surroundings

Saliva is poured over food to moisten and soften it. The resulting mush is sucked up

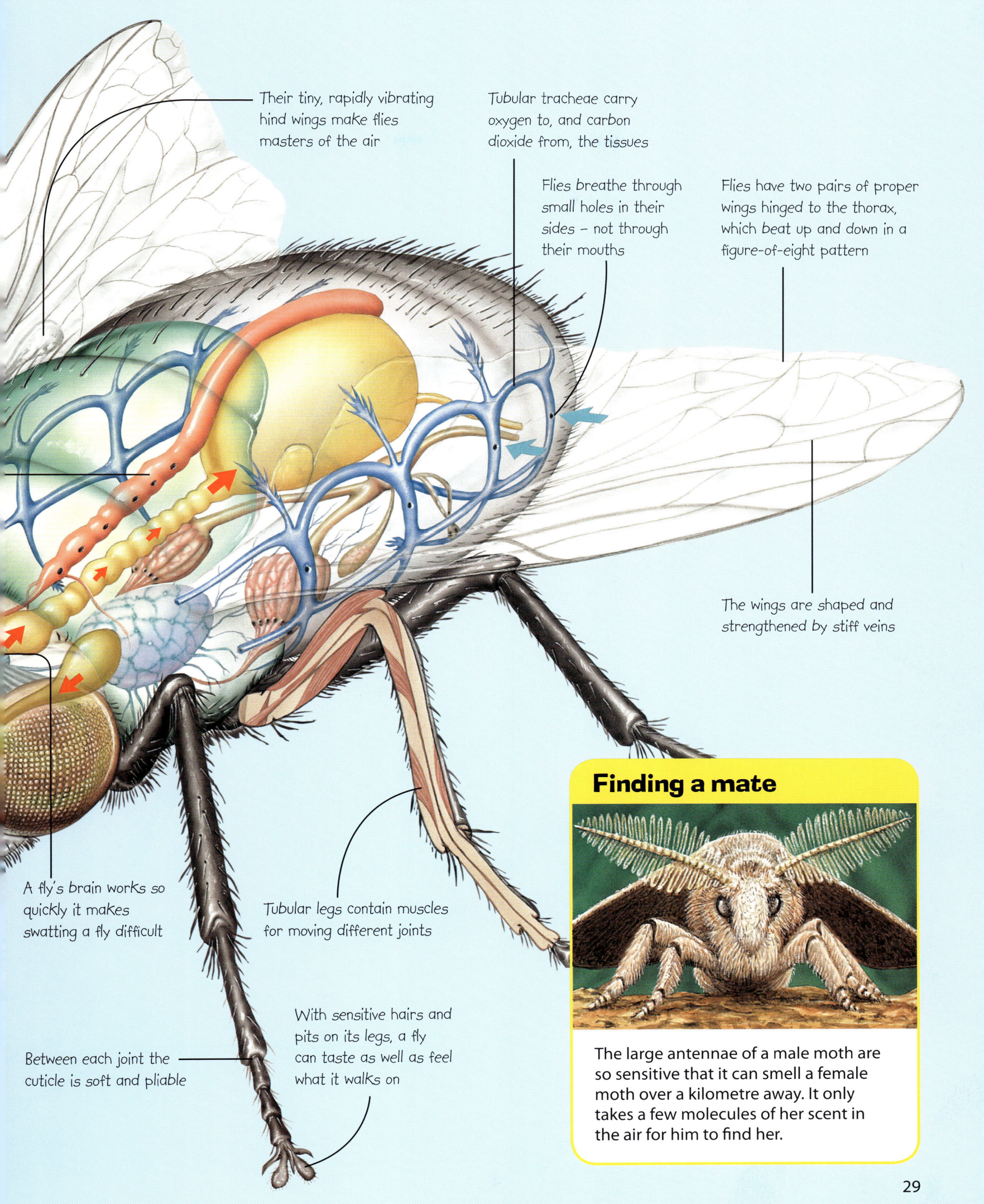

Their tiny, rapidly vibrating hind wings make flies masters of the air

Tubular tracheae carry oxygen to, and carbon dioxide from, the tissues

Flies breathe through small holes in their sides – not through their mouths

Flies have two pairs of proper wings hinged to the thorax, which beat up and down in a figure-of-eight pattern

The wings are shaped and strengthened by stiff veins

A fly's brain works so quickly it makes swatting a fly difficult

Tubular legs contain muscles for moving different joints

Between each joint the cuticle is soft and pliable

With sensitive hairs and pits on its legs, a fly can taste as well as feel what it walks on

Finding a mate

The large antennae of a male moth are so sensitive that it can smell a female moth over a kilometre away. It only takes a few molecules of her scent in the air for him to find her.

Changing Shape

Monarch butterflies live in North America. Like all butterflies, they begin life as caterpillars. While they are caterpillars, monarchs eat the leaves of milkweed plants for energy and growth. Other animals find these plants poisonous and leave them alone, but these caterpillars are not affected by the poison. In fact, they make use of it for their own defence. They store it, making themselves taste nasty so predators (hunters) leave them alone, even after they have become butterflies.

After metamorphosis (the process of changing shape) the caterpillars become butterflies. Like all butterflies, the monarch butterfly sips nectar from flowers. Nectar provides the energy needed to fly. They fly to new places so they can find plants to lay their eggs on. They also use flight to escape from enemies or find a mate.

Horns frighten predators

The long intestine digests leaves

Sucker-like claspers grip plants

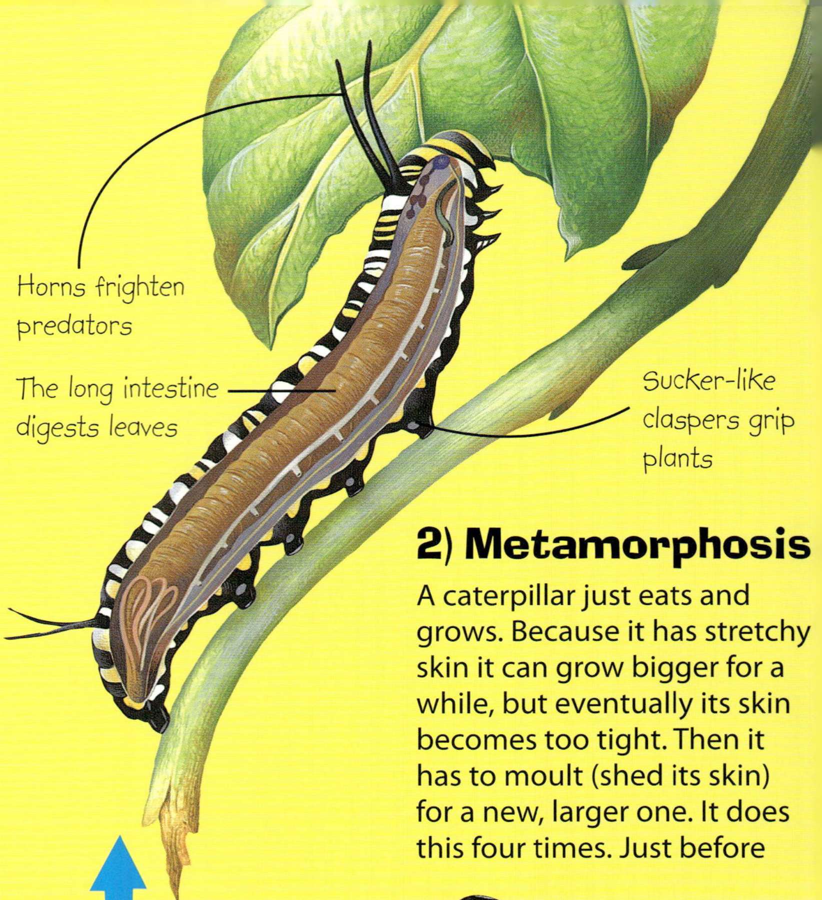

2) Metamorphosis

A caterpillar just eats and grows. Because it has stretchy skin it can grow bigger for a while, but eventually its skin becomes too tight. Then it has to moult (shed its skin) for a new, larger one. It does this four times. Just before

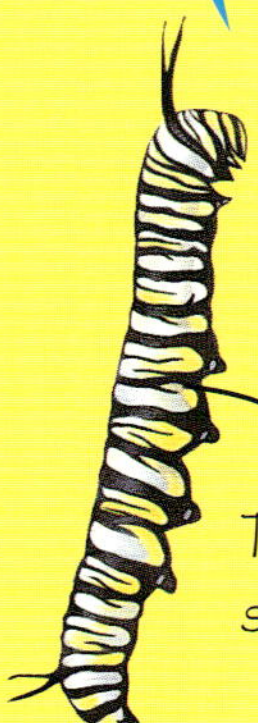

A baby caterpillar climbing from its egg

The caterpillar soon grows

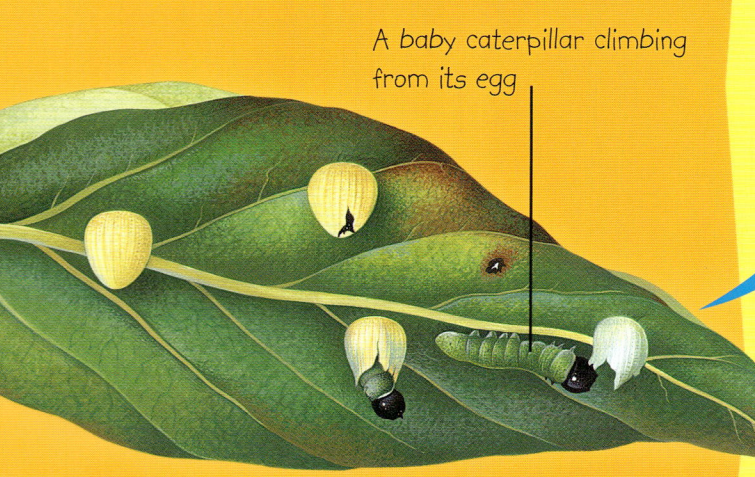

1) From egg to caterpillar

The female monarch butterfly lays her eggs in groups on the surface of a leaf. Some other butterflies lay them singly. The eggs are tiny but very tough. They protect the growing baby caterpillars inside from rain, sun, and parasites (insects that live on other insects). To escape from the eggs the baby caterpillars bite their way out using their tiny jaws. After hatching, the caterpillars eat the rest of the eggshells before moving away to feed on leaves.

The antennae help to find food and a mate

The brain

Its compound eyes are like a fly's (see page 28)

Its long coiled tongue extracts nectar

The upper body (thorax) holds the muscles which work the wings

The caterpillar eventually turns into a chrysalis – it then develops into an adult butterfly

the last moult it fixes itself to a twig, using special silk that it makes, and turns into a pupa, or chrysalis. Within the chrysalis the insect changes form, ready to be born again – but this time as a butterfly. These changes are called metamorphosis.

The adult butterfly emerges from the chrysalis

Large wings beat up and down allowing the butterfly to fly through the air

Tiny scales cover the wings

3) Emergence

Sixteen weeks ago the caterpillar hatched. Now it has completely changed. The chrysalis splits and the adult butterfly emerges. At first it looks strange because its wings have been screwed up tight inside the chrysalis. Having crawled from the chrysalis the butterfly rests and uses air to inflate its wings. The wings become dry, ready for the butterfly to use.

Brightly coloured wings let butterflies talk to each other and warn predators to keep away

Intestine for digesting nectar

The abdomen contains the body's main organs

Migration

In the autumn, monarch butterflies travel southward for over 3,200 kilometres, from Canada and northern USA to Florida, Mexico, and California. Here, crowds of them gather on pine trees. In spring they fly north, laying eggs along the way. Then they die.

A Frog's Life

Like all frogs, the Colombian horned frog is cold-blooded and has a moist skin. Horned frogs like this one live in tropical American forests, hiding amongst the moss and dead leaves of the forest floor. They are very aggressive and will even try to eat animals that are bigger than they are.

Frogs have a large head, bulging eyes, and a wide mouth. The front legs are shorter than the back legs, which usually have an extra long heel for jumping. Frogs can swim, and they depend on water to keep themselves moist and to raise their young. They can breathe both in and out of water. When underwater they breathe through their skin.

Tadpole to frog

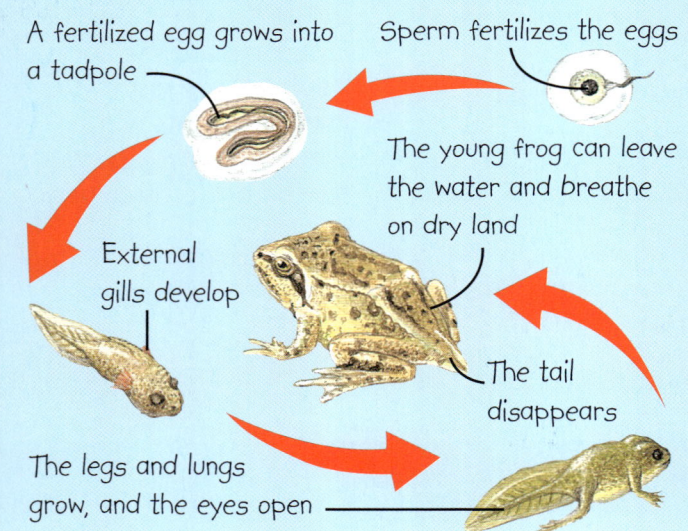

A fertilized egg grows into a tadpole

Sperm fertilizes the eggs

External gills develop

The young frog can leave the water and breathe on dry land

The tail disappears

The legs and lungs grow, and the eyes open

A female frog lays her eggs in water. The mass of eggs is called spawn. The spawn is fertilized by sperm from the male frog. The fertilized eggs then grow into balls of cells which develop into tadpoles. At first, tadpoles are blind and breathe underwater using external gills. But gradually they change into frogs – a process called metamorphosis. Their eyes open, their legs grow, and their lungs develop. When their lungs have grown they can leave the water and use the lungs to breathe.

Breathing underwater

When a frog is out of water it breathes with its lungs. When it is completely underwater it uses its skin to breathe instead. Lots of tiny blood vessels in the skin make this possible. The skin acts like the lungs, allowing the gases needed to live to pass from the water into its bloodstream.

Making a noise

Frogs croak, squeak, and whistle. These sounds tell other frogs who they are, how big they are, and where they are. Their calls also attract females. Males that croak the loudest are often the ones that are most successful in attracting a mate.

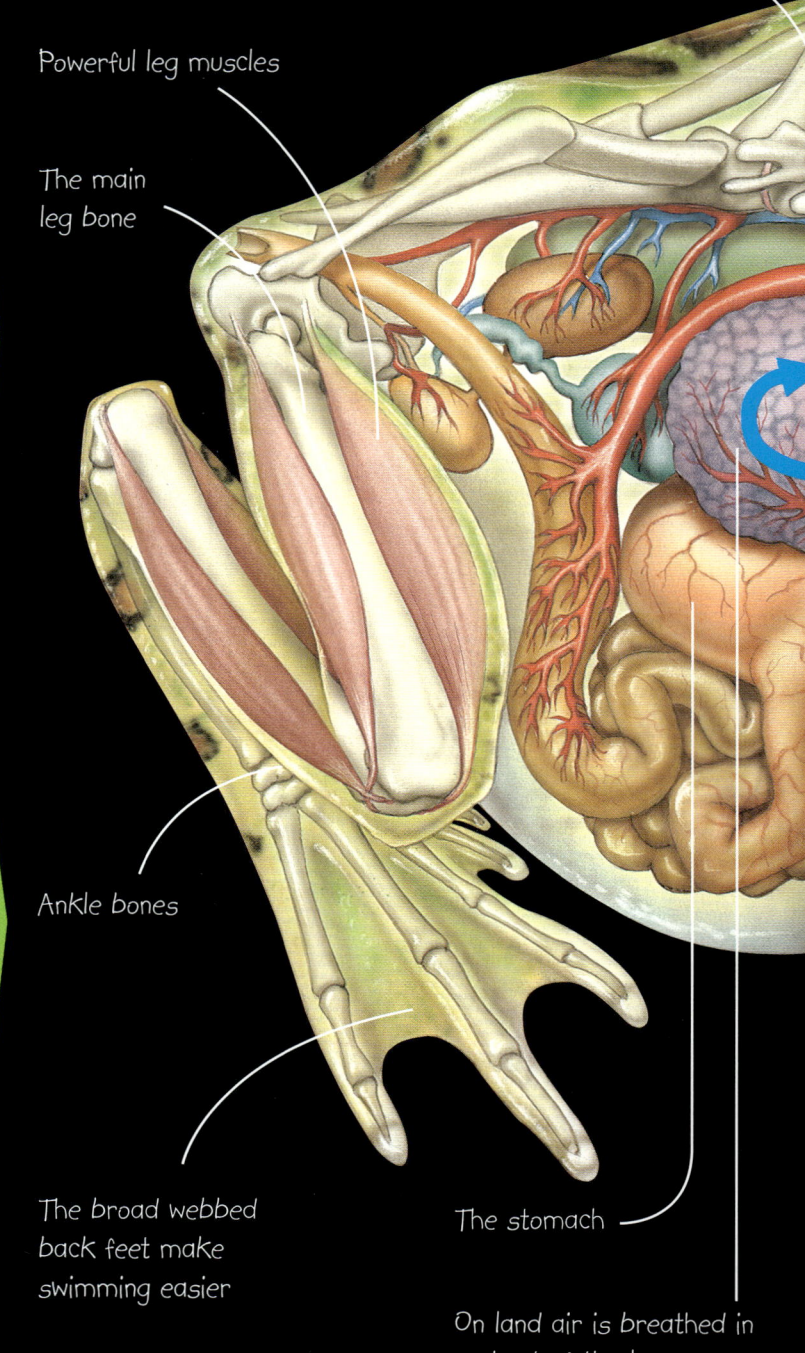

The spinal column (backbone) is made up of small bones called vertebrae

Powerful leg muscles

The main leg bone

Ankle bones

The broad webbed back feet make swimming easier

The stomach

On land air is breathed in and out of the lungs

Croaking

Air is breathed into the lungs, swelling the body. It is then repeatedly puffed into the vocal sac and back into the lungs. As it passes through the larynx it vibrates the vocal chords. The sound produced is made louder by the vocal sac.

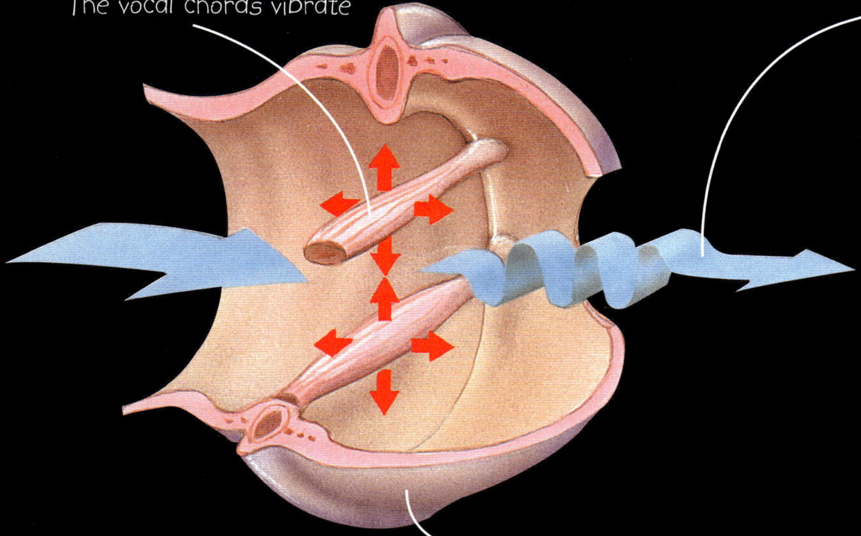

The vocal chords vibrate

Air from the lungs is forced out quickly into the vocal sac

The larynx

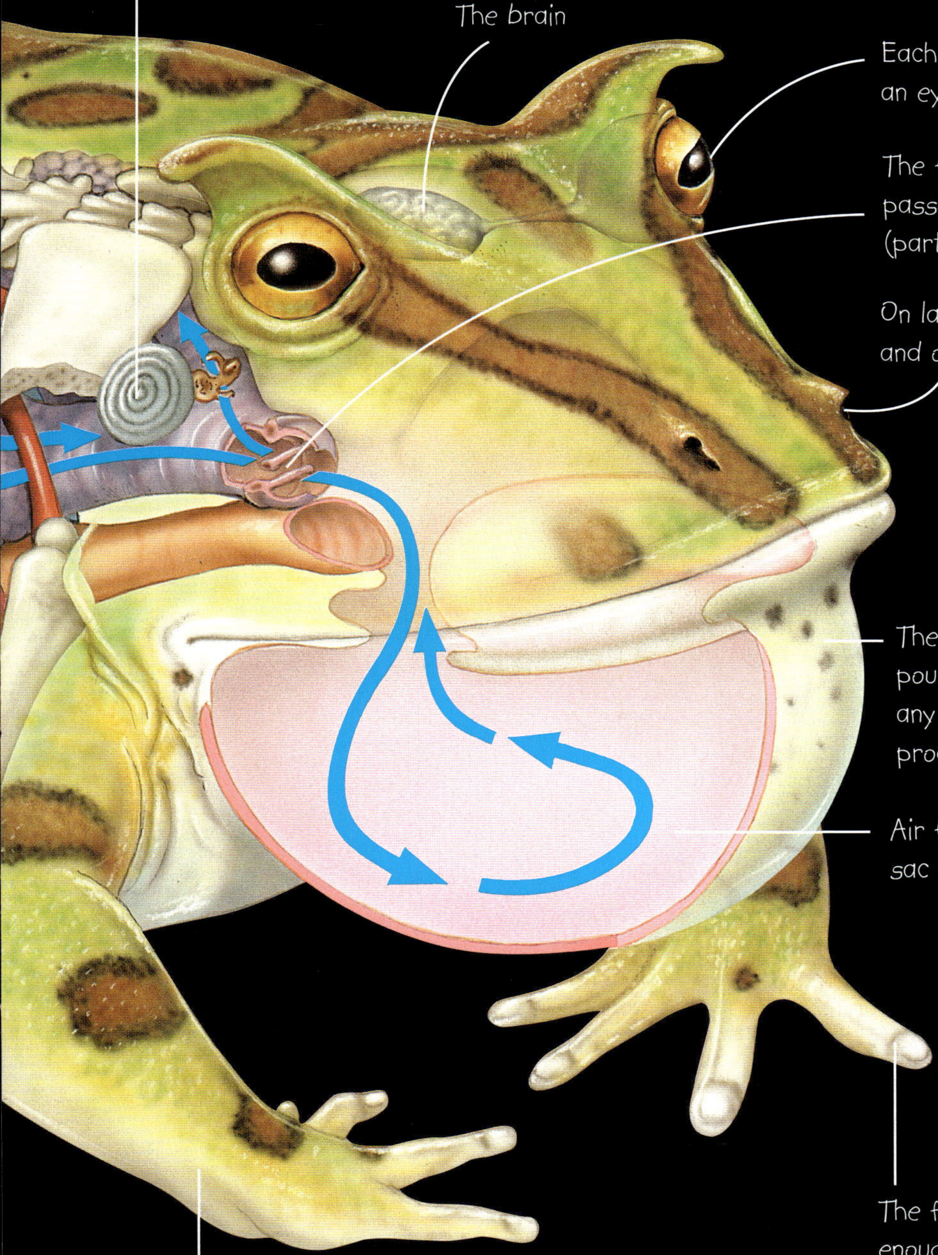

The inner ear

The brain

Each eye is protected by an eyelid

The frog croaks as air passes through the larynx (part of the throat)

On land, air is breathed in and out through the nostrils

The vocal sac (throat pouch) swells, making any sound the frog produces louder

Air flows from the vocal sac to the lungs and back

The front legs are strong enough for landing on after a hop

A frog is an amphibian – it can live both in and out of water

Swimming

While bringing the front legs forward, the back legs are drawn upwards towards the body. Then the front legs swing to the sides and the back legs shoot backwards, thrusting the frog forwards.

Baby Mammals

Mammals are warm-blooded animals which feed their young with milk. Most mammals are covered in hair, which helps to keep them warm. Their milk comes from special milk glands called mammary glands. Even mammals that lay eggs, like the spiny anteater and duck-billed platypus, produce milk for their young. All other mammals give birth to live babies, which develop inside the mother's uterus. They are attached to the uterus by a tube called the umbilical cord. Through the cord they get food and oxygen, which helps them grow.

Small mammals develop faster than large ones: a mouse takes about 2 weeks to develop while an elephant takes 22 months. Humans develop for 9 months. When a mammal is ready to give birth, chemicals in her body cause her uterus to push the baby out.

Marsupials

Marsupials are mammals that give birth to babies which are not fully developed. The baby continues to develop in a pouch on the mother's tummy. In the pouch the baby can crawl to one of the mother's nipples to suck milk.

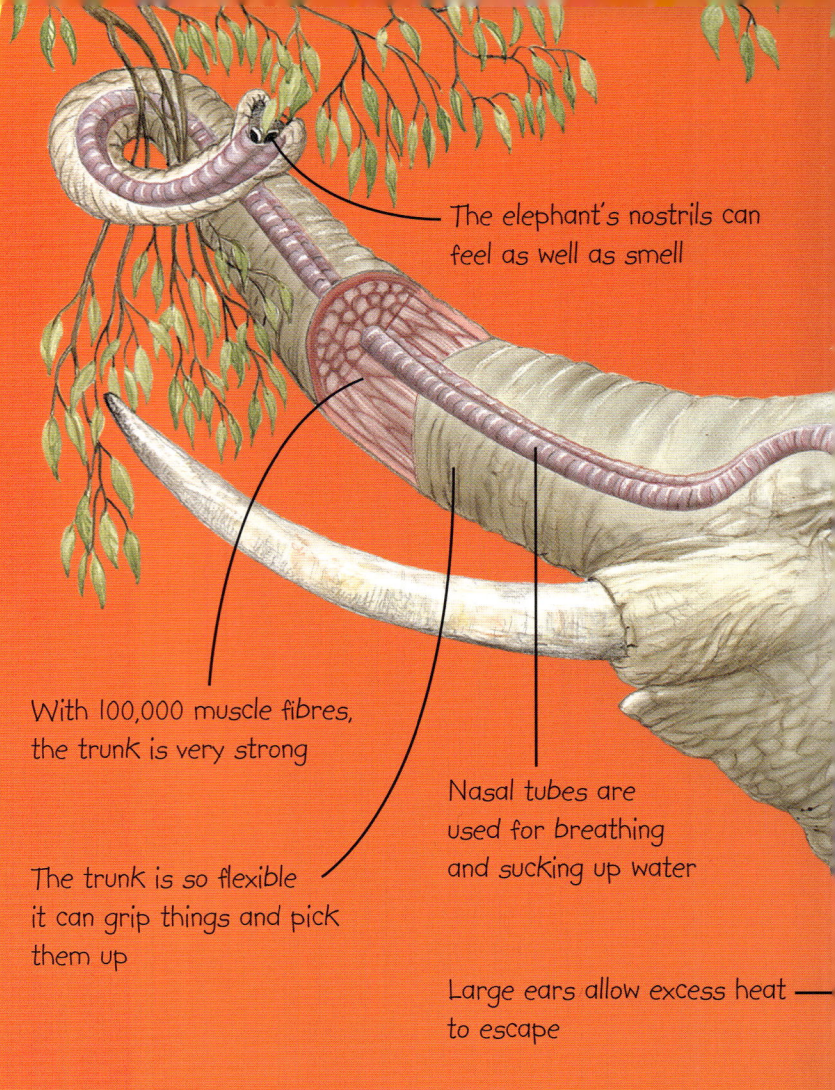

The elephant's nostrils can feel as well as smell

With 100,000 muscle fibres, the trunk is very strong

The trunk is so flexible it can grip things and pick them up

Nasal tubes are used for breathing and sucking up water

Large ears allow excess heat to escape

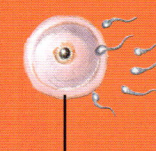

Fertilization: a male sperm-cell joins an egg

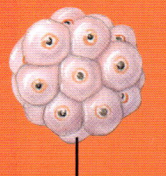

A ball of cells forms at three days

A two-month old foetus (actual size); its eyes are not yet fully developed

Fertilization and development

Every mammal starts out as a tiny egg produced by the mother. To become a baby mammal the egg has to be joined by a sperm-cell from the father. This process is called fertilization. The fertilized cell divides into a ball of cells, which becomes fixed to the wall of the female's uterus. The ball of cells then develops into what we call a foetus, as its head, body, and legs begin to grow.

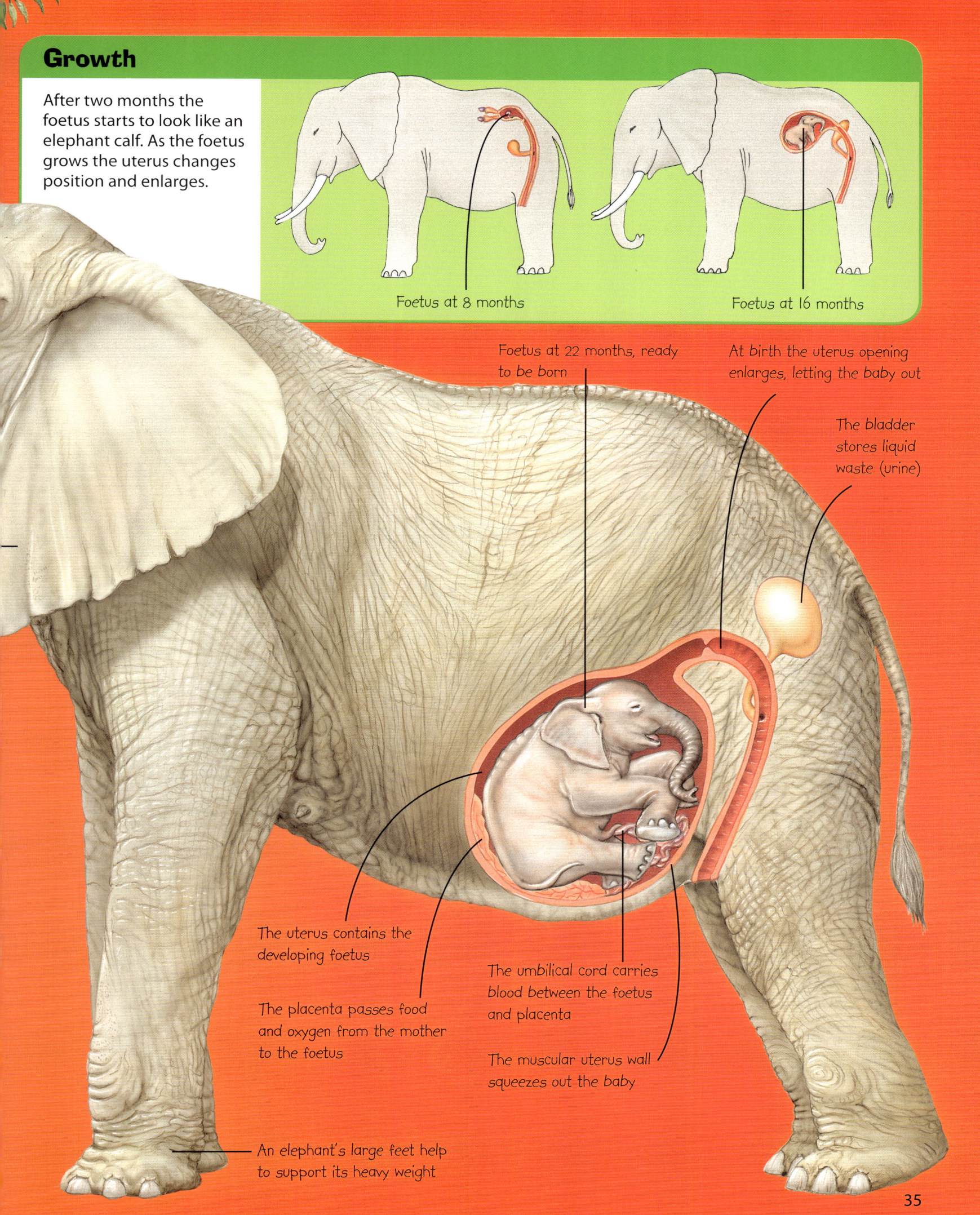

Growth

After two months the foetus starts to look like an elephant calf. As the foetus grows the uterus changes position and enlarges.

Foetus at 8 months

Foetus at 16 months

Foetus at 22 months, ready to be born

At birth the uterus opening enlarges, letting the baby out

The bladder stores liquid waste (urine)

The uterus contains the developing foetus

The placenta passes food and oxygen from the mother to the foetus

The umbilical cord carries blood between the foetus and placenta

The muscular uterus wall squeezes out the baby

An elephant's large feet help to support its heavy weight

Hatching Eggs

Pheasants, like all birds, lay eggs. Pheasants lay 8 to 15 eggs at a time. Eggs are strong, rounded structures which hold and protect the chick as it develops. The shell is made of chalky crystals, which make it strong, and it is lined with a tough membrane. This protects the chick from drying up and allows oxygen to pass in and carbon dioxide waste to travel out.

Within the shell the chick rests in a soft jelly-like fluid. It receives food from the yellow bag of yolk. On the outside, eggshells are lightly coloured and are often flecked with brown so that they are not easily seen within the nest. Nests help the hen to protect her eggs and make it possible for her to sit on them, keeping them warm.

Embryo development

After the female and male bird have mated, the tiny fertilized egg cell divides into more and more cells to form a patch of cells, the embryo. As the embryo develops the cells continue to divide, eventually organizing themselves into tissues and organs. Some of the cells move and form folds which later develop into different structures. But not all of the cells become part of the chick. Some become blood vessels that take food from the yolk to the developing chick, others form a bag to hold waste as the chick grows.

Pheasant nests

It is important to hide the nest and eggs from foxes and stoats. To do this a simple hollow is scraped in the ground under a hedge or a layer of plants. It is sometimes lined with a little surrounding plant material. The plain olive-brown or grey-coloured eggs can hardly be seen.

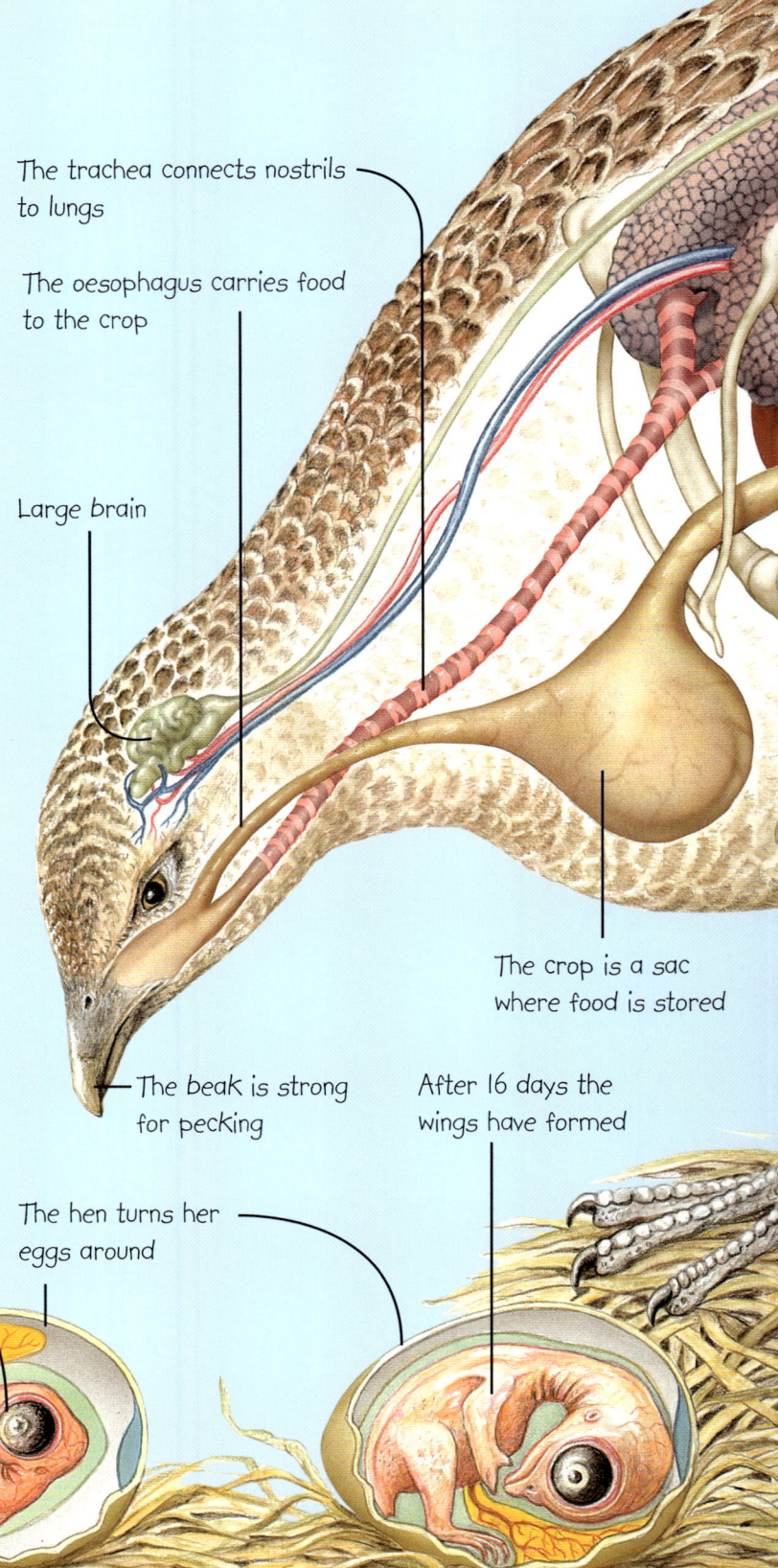

The trachea connects nostrils to lungs

The oesophagus carries food to the crop

Large brain

The crop is a sac where food is stored

The beak is strong for pecking

After 16 days the wings have formed

The hen turns her eggs around

Two days after the egg is laid, the heart is pumping blood to the yolk-sac

After eight days the main organs and large eyes have developed

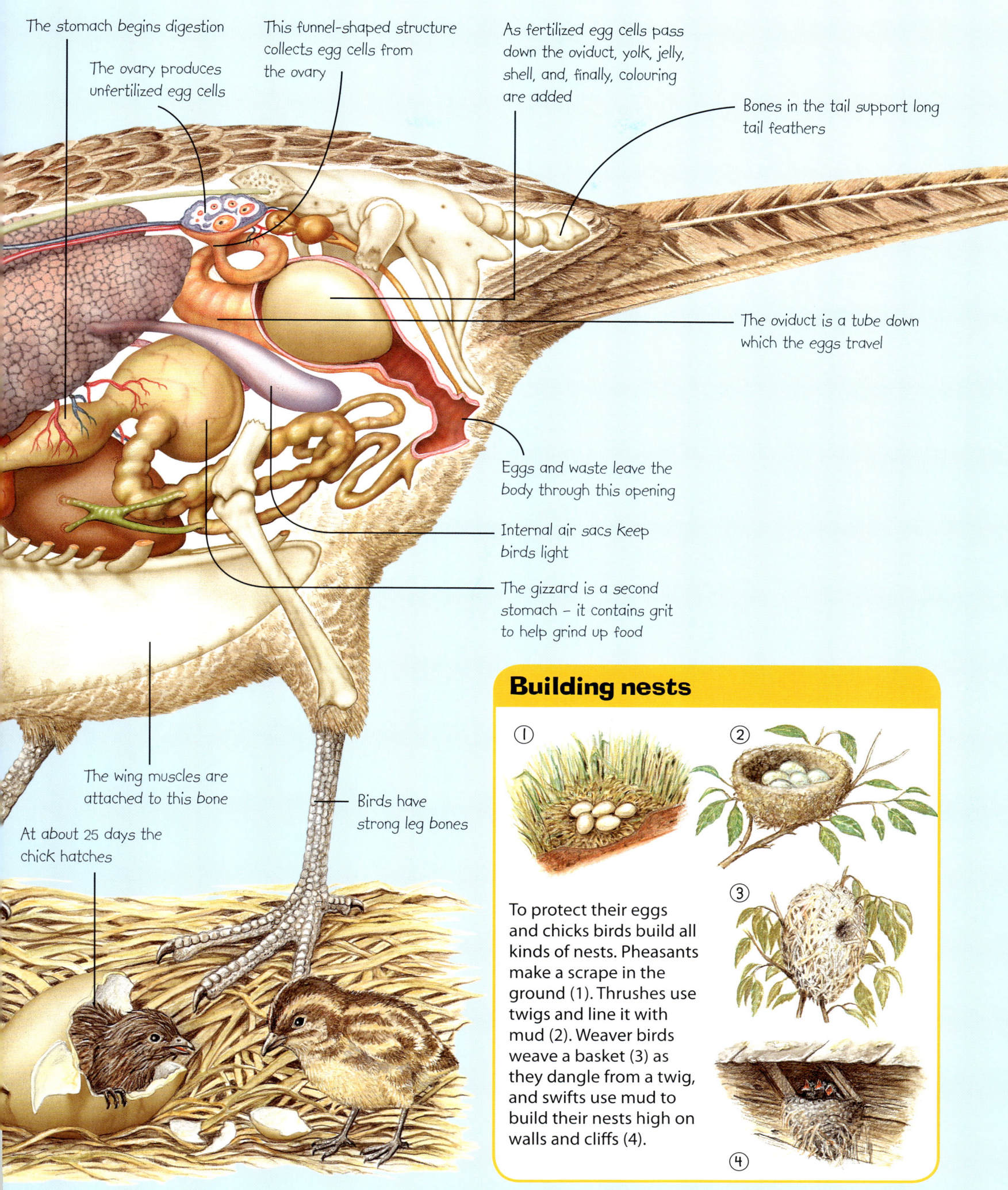

The stomach begins digestion

The ovary produces unfertilized egg cells

This funnel-shaped structure collects egg cells from the ovary

As fertilized egg cells pass down the oviduct, yolk, jelly, shell, and, finally, colouring are added

Bones in the tail support long tail feathers

The oviduct is a tube down which the eggs travel

Eggs and waste leave the body through this opening

Internal air sacs keep birds light

The gizzard is a second stomach – it contains grit to help grind up food

The wing muscles are attached to this bone

Birds have strong leg bones

At about 25 days the chick hatches

Building nests

To protect their eggs and chicks birds build all kinds of nests. Pheasants make a scrape in the ground (1). Thrushes use twigs and line it with mud (2). Weaver birds weave a basket (3) as they dangle from a twig, and swifts use mud to build their nests high on walls and cliffs (4).

① ② ③ ④

Desert Animals

Camels live in deserts. Their bodies are specially designed to survive the desert's hot days and cold nights. They can also cope with the wind-blown sand and long periods without water. For nearly 4,000 years, since they were first domesticated (tamed) in Arabia, they have helped people live and travel in the desert.

Camels can run at 16 kph – some are bred specially for racing. They can even swim. When walking, camels move at about 4 kph and can travel nearly 50 kilometres each day. But they do not like going up hills. Camels are able to carry loads of up to 1,000 kilograms. This makes them ideal pack animals, which is why they are sometimes called 'ships of the desert'.

The camel's hump

Some camels have one hump, others have two. The one-humped dromedary originally lived in Arabia. The two-humped bactrian camel is found in Mongolia and Turkestan. A camel's hump is filled with fat. Well-fed camels have firm, upright humps. Once in the desert, away from a supply of food, they use the fat as a source of energy and water. When most of the fat has been used up the hump shrivels and flops over.

The fat-filled hump

Soft woolly hair stops them cooling down too quickly in the cold night

The skin has hardly any sweat glands to avoid too much water loss

A long neck enables the camel to drink without kneeling down

Long eyelashes and big eyelids protect their eyes from the sun and flying sand

Small hairy ears keep out sand

Their nostrils can close to keep out the sand

Salivary glands help digest food

With strong teeth and lips, camels can eat tough plants – salty plants help them retain water

Tough pads of skin protect the knees and chest when the camel rests its weight

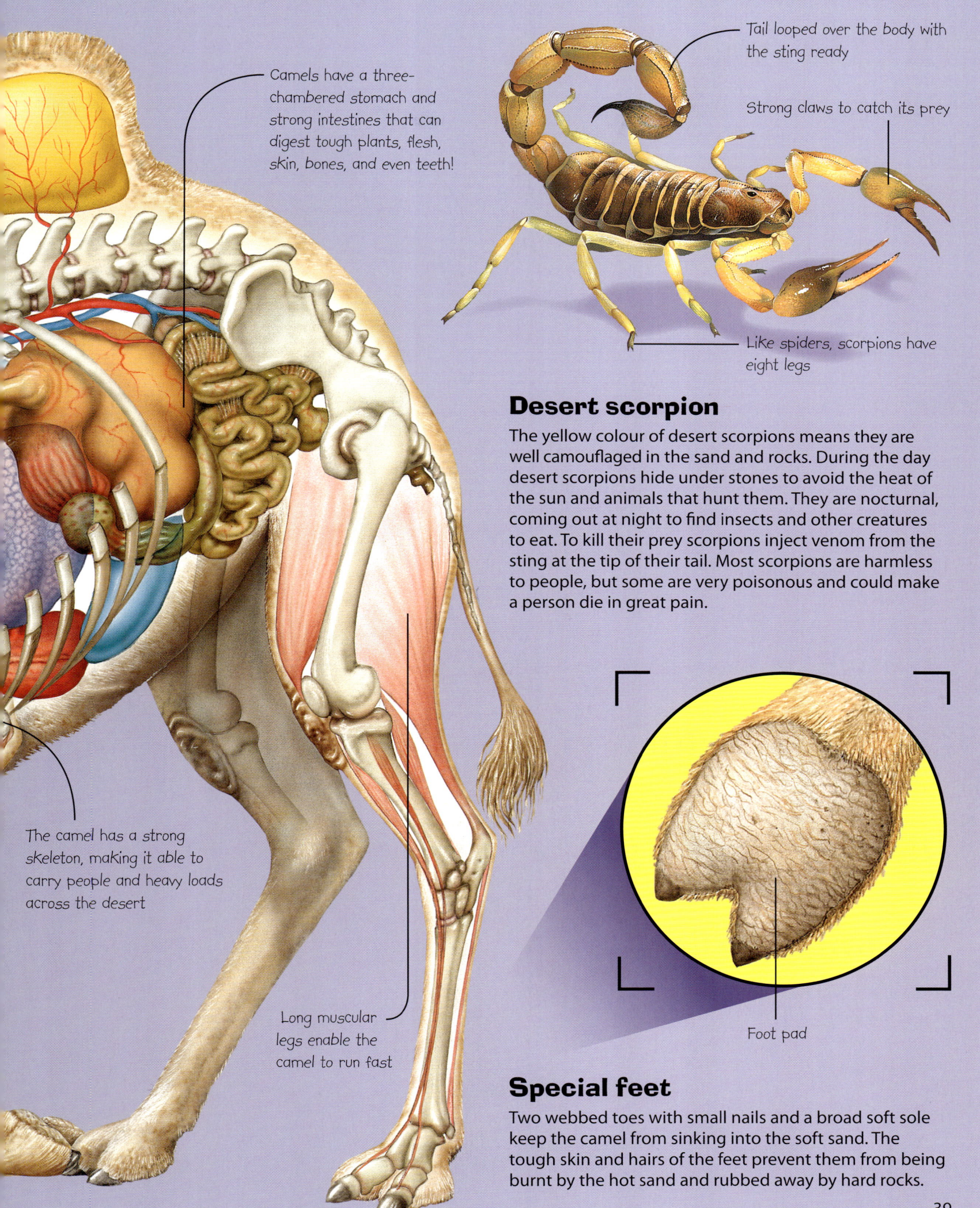

Camels have a three-chambered stomach and strong intestines that can digest tough plants, flesh, skin, bones, and even teeth!

Tail looped over the body with the sting ready

Strong claws to catch its prey

Like spiders, scorpions have eight legs

Desert scorpion

The yellow colour of desert scorpions means they are well camouflaged in the sand and rocks. During the day desert scorpions hide under stones to avoid the heat of the sun and animals that hunt them. They are nocturnal, coming out at night to find insects and other creatures to eat. To kill their prey scorpions inject venom from the sting at the tip of their tail. Most scorpions are harmless to people, but some are very poisonous and could make a person die in great pain.

The camel has a strong skeleton, making it able to carry people and heavy loads across the desert

Long muscular legs enable the camel to run fast

Foot pad

Special feet

Two webbed toes with small nails and a broad soft sole keep the camel from sinking into the soft sand. The tough skin and hairs of the feet prevent them from being burnt by the hot sand and rubbed away by hard rocks.

Arctic Animals

In the Arctic it is bitterly cold for most of the year. During the short summers the sun shines weakly, and the winters are long and dark. The Arctic Ocean is frozen, only melting and breaking-up around the edges during the summer. The vast ice sheets are bleak and there is only barren land. Only tiny plants can grow, huddled close to the ground, out of the icy wind. Few animals can live here. Those that do have developed special features so that they can survive the freezing conditions.

They have plenty of fat and thick fur to keep them warm. Many migrate, sleep or hibernate during the long winter. Despite this the ocean is rich in life, providing food for such animals as polar bears and Arctic foxes.

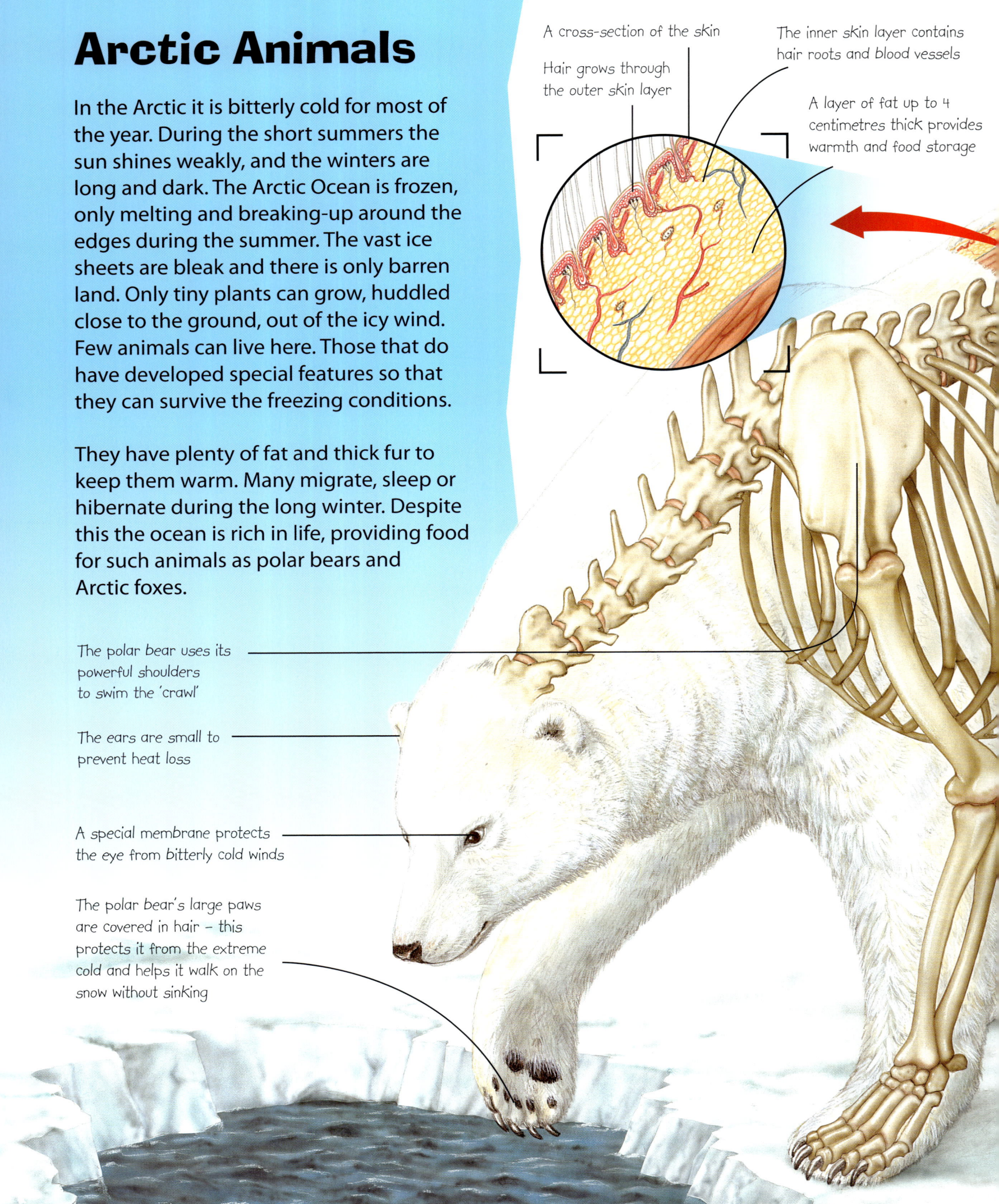

A cross-section of the skin

Hair grows through the outer skin layer

The inner skin layer contains hair roots and blood vessels

A layer of fat up to 4 centimetres thick provides warmth and food storage

The polar bear uses its powerful shoulders to swim the 'crawl'

The ears are small to prevent heat loss

A special membrane protects the eye from bitterly cold winds

The polar bear's large paws are covered in hair – this protects it from the extreme cold and helps it walk on the snow without sinking

Thick-coated insulation

Winter temperatures can drop to −60°C and rise to +20°C in the summer. To cope with this variation the polar bear grows a thick coat in the autumn to keep out the intense cold, and sheds it in the spring.

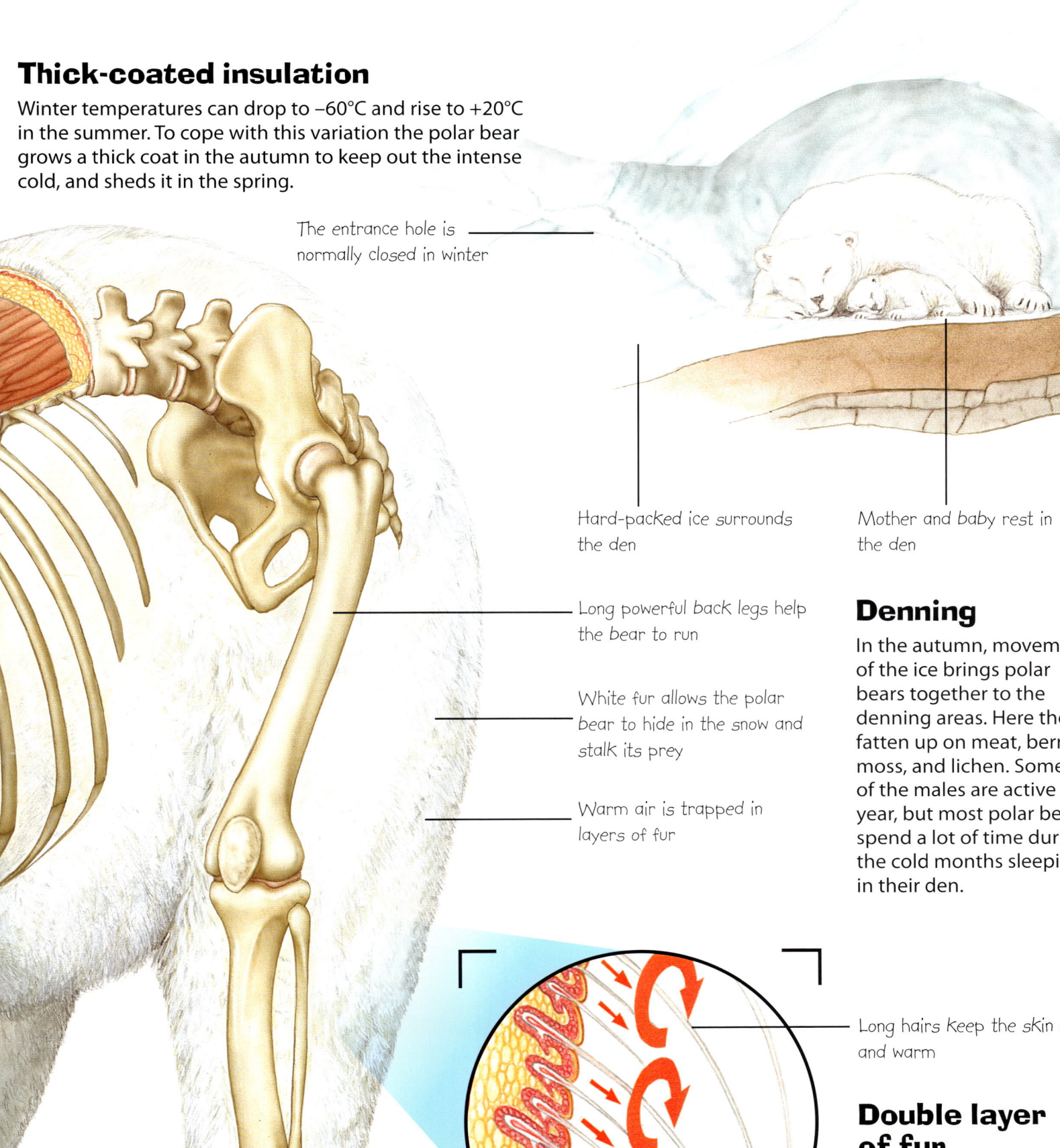

The entrance hole is normally closed in winter

Hard-packed ice surrounds the den

Mother and baby rest in the den

Long powerful back legs help the bear to run

White fur allows the polar bear to hide in the snow and stalk its prey

Warm air is trapped in layers of fur

Long hairs keep the skin dry and warm

Short hairs provide space to trap air

Denning

In the autumn, movement of the ice brings polar bears together to the denning areas. Here they fatten up on meat, berries, moss, and lichen. Some of the males are active all year, but most polar bears spend a lot of time during the cold months sleeping in their den.

Double layer of fur

The polar bear's double layer of fur protects it against the cold. When it fluffs up its thick coat, body heat is trapped between the two layers. If it gets too hot it can sleek the fur down, allowing heat to escape.

Primates

Primates are mammals that have a very large brain. The part of the brain that thinks is especially big, making them very intelligent. Monkeys, chimpanzees, lemurs, and humans are all primates. Most primates live in the warmer parts of the world, except humans, who live in most parts.

Primates can be very big, like the gorilla, which weighs over 270 kilograms. Others, like the mouse lemur, are tiny and weigh only 50 grams. Nearly all of them are very good at climbing trees. To help them do this they have special eyes, hands, and feet. Many have a long tail, too. Primates use different sounds to communicate. Of all the primates, humans make the most sounds.

Chimp expressions

Some primates, such as chimpanzees, show their emotions through facial expressions. These include: (1) mouth closed when attacking – 'you've made me cross'; (2) mouth open to show all the teeth – 'I'm scared'; (3) mouth open, with the bottom teeth showing – 'let's play'; (4) lips pushed forward – 'give it to me'.

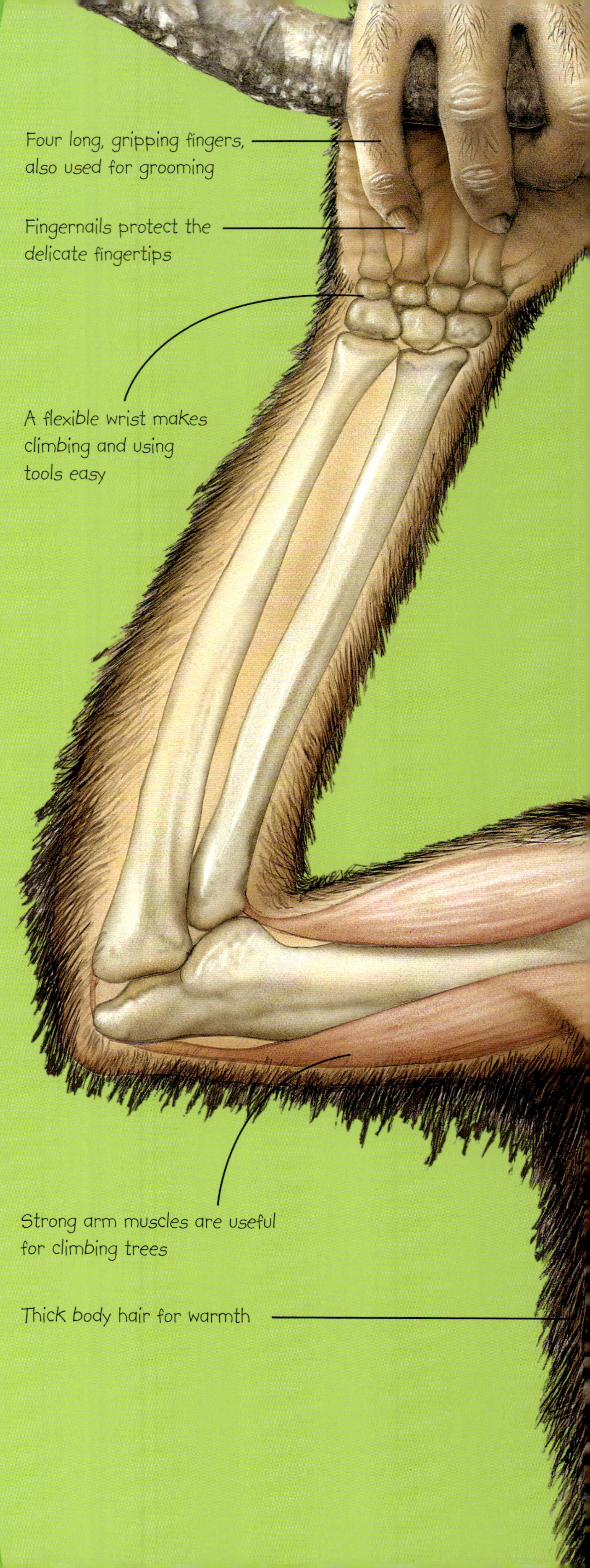

Four long, gripping fingers, also used for grooming

Fingernails protect the delicate fingertips

A flexible wrist makes climbing and using tools easy

Strong arm muscles are useful for climbing trees

Thick body hair for warmth

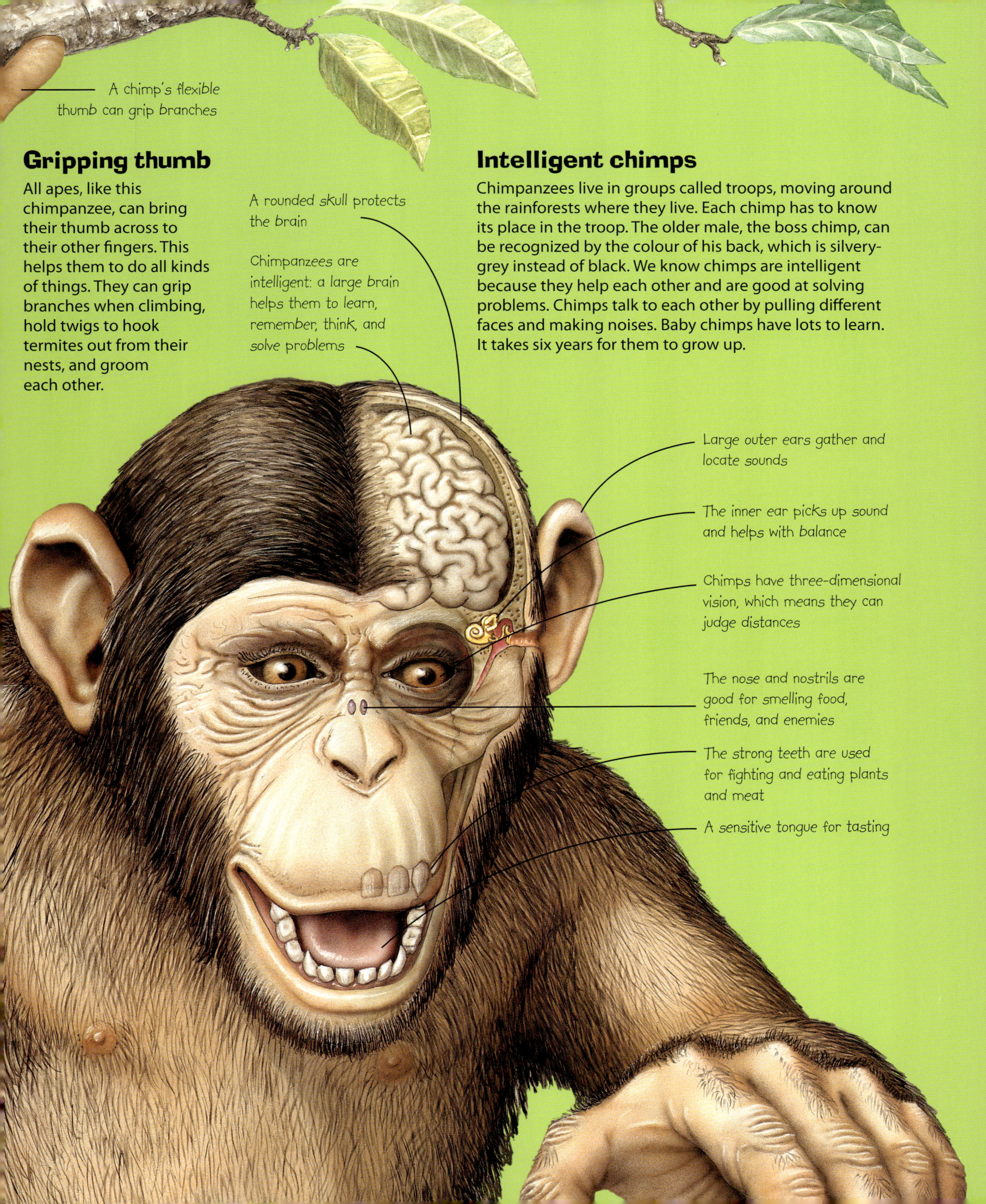

A chimp's flexible thumb can grip branches

Gripping thumb

All apes, like this chimpanzee, can bring their thumb across to their other fingers. This helps them to do all kinds of things. They can grip branches when climbing, hold twigs to hook termites out from their nests, and groom each other.

A rounded skull protects the brain

Chimpanzees are intelligent: a large brain helps them to learn, remember, think, and solve problems

Intelligent chimps

Chimpanzees live in groups called troops, moving around the rainforests where they live. Each chimp has to know its place in the troop. The older male, the boss chimp, can be recognized by the colour of his back, which is silvery-grey instead of black. We know chimps are intelligent because they help each other and are good at solving problems. Chimps talk to each other by pulling different faces and making noises. Baby chimps have lots to learn. It takes six years for them to grow up.

Large outer ears gather and locate sounds

The inner ear picks up sound and helps with balance

Chimps have three-dimensional vision, which means they can judge distances

The nose and nostrils are good for smelling food, friends, and enemies

The strong teeth are used for fighting and eating plants and meat

A sensitive tongue for tasting

Community Life

Millions of termites live together in communities called colonies. Each termite does a specific job, like gathering food, looking after the young, or guarding the colony against attack. This means that termites are social insects, as each individual works towards the good of the whole colony. In such a large community, good communication is vital. The termites need to respond to problems as soon as they arise. One way termites communicate is by releasing special chemicals that other termites can smell.

Termites are pale and have soft bodies so they need to avoid dry air and sunlight. They hide away inside their nests and burrows, and only come out at night, if at all. Some termites, like the ones shown here, use soil to make very complicated nests. Others produce more simple structures inside rotting wood.

Soldiers

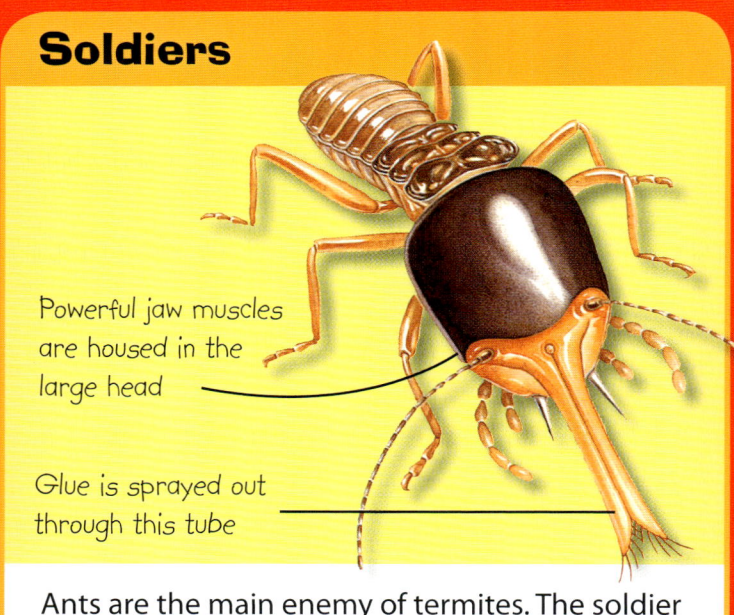

Powerful jaw muscles are housed in the large head

Glue is sprayed out through this tube

Ants are the main enemy of termites. The soldier termites defend the colony from attack using their special jaws. Some bite while others use their jaws to spray a sticky glue at the attacker. Soldier termites cannot feed themselves; they are fed by the worker termites.

Air circulation

Millions of termites living together need plenty of fresh air to breathe. They also need to keep the air cool. So termites build their nest in such a way that the air moves through it, keeping the conditions fresh and cool. This circulating air also means that the chemical scents they use for communication will carry from one termite to another.

Hot stale air rises and escapes through the chimneys

Porous chimney material draws in fresh air and releases the stale air

Pieces of plants are eaten and gathered by workers and taken into the mound

Fungus is grown on the stored plant material. the termites eat the fungus and feed it to their young

Fungus production needs termite droppings, moist air, and a precise temperature of 30–31°C

Underground cellars cool the air and give it moisture

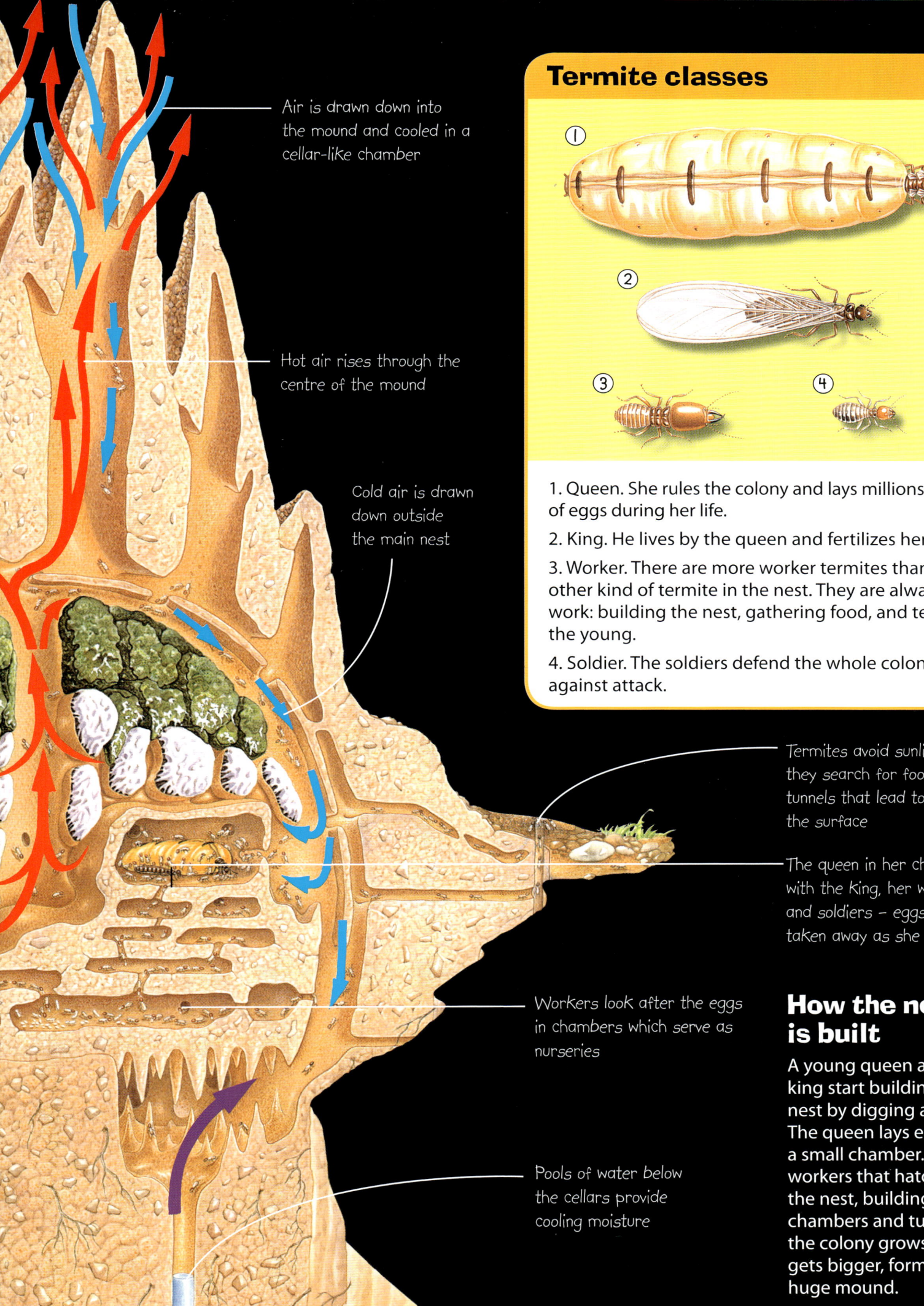

Air is drawn down into the mound and cooled in a cellar-like chamber

Hot air rises through the centre of the mound

Cold air is drawn down outside the main nest

Termite classes

1. Queen. She rules the colony and lays millions of eggs during her life.

2. King. He lives by the queen and fertilizes her eggs.

3. Worker. There are more worker termites than any other kind of termite in the nest. They are always at work: building the nest, gathering food, and tending the young.

4. Soldier. The soldiers defend the whole colony against attack.

Termites avoid sunlight when they search for food by using tunnels that lead to the surface

The queen in her chamber, with the king, her workers, and soldiers – eggs are taken away as she lays them

Workers look after the eggs in chambers which serve as nurseries

How the nest is built

A young queen and her king start building their nest by digging a burrow. The queen lays eggs inside a small chamber. The workers that hatch extend the nest, building more chambers and tunnels. As the colony grows the nest gets bigger, forming a huge mound.

Pools of water below the cellars provide cooling moisture

Index

EL
MUNDO
DE LAS HADAS

El Mundo de las Hadas

Beatrice Phillpotts

Traducción de José Antonio Soriano

Montena

Título original:
The Faeryland Companion
Traducido de la edición original de
Pavillion Books Limited, Londres, 1999
© 1999, Beatrice Phillpotts, por el texto
© 1999, Pavillion Books Ltd., por el diseño y la maquetación
© de la edición en castellano para todo el mundo:
2003, Grupo Editorial Random House Mondadori, S. L.
Travessera de Gràcia, 47-49. 08021 Barcelona
© 2000, José Antonio Soriano, por la traducción
Primera edición: 1999
Segunda edición: 2003
Reservados todos los derechos
Impreso en Singapur

ÍNDICE

La LLEGADA de las HADAS

LAS HADAS son tan eternas como los seres humanos que las crearon. La creencia en seres sobrenaturales semejantes ha existido siempre, aunque ha tenido un significado diferente para cada generación.

Como la española *hada*, la palabra inglesa *faery* procede del latín *fatum*, que significa «hado» o «sino»; sin embargo, el sustantivo inglés no sólo designa una amplia variedad de criaturas sobrenaturales, sino también un lugar encantado y el conjunto de seres que lo habitan.

En el siglo XVII a las hadas se las consideraba criaturas sobrenaturales poseedoras de «una naturaleza intermedia entre el hombre y el ángel». Hoy en día, el uso más común del término, ampliamente popularizado, abarca toda la zona de lo sobrenatural no reclamada para sí por ángeles y demonios.

En el folclor inglés, el mundo de las hadas cobija a un extenso abanico de personajes que van de los conocidos elfos, dragones y sirenas a los más escasos *selkies*, semejantes a focas pero capaces de adoptar forma humana en tierra firme, a los monstruosos *firbolgs* irlandeses o a los *habetrots* escoceses, mañosos hilanderos. *Fairy* designa además una multiplicidad de espíritus de similares características que se prodigan en cuentos tradicionales de toda Gran Bretaña, con diferentes nombres según la región que habitan. Así, por ejemplo, el *brownie*, duende casero que se aviene a colaborar en las labores del hogar, es pariente cercano del *bwca* de Gales, el *bodach* de las Highlands escocesas y el *fenodoree* de la isla de Man.

Antiguamente, sin embargo, mucha gente consideraba tabú el simple hecho de pronunciar la palabra hada, ya fuera en sentido general o particular. Es probable que tal prohibición tuviera su origen en la creencia primitiva según la cual nombrar a una persona, o a un espíritu, otorgaba poder sobre ellos. Las hadas de las antiguas leyendas folclóricas representaban poderosas fuerzas naturales que convenía temer y aplacar. Quienes no deseaban ofenderlas respetaban su apego al secreto y aludían a ellas con eufemismos como «los buenos vecinos» o «la buena gente».

En Inglaterra, la primera referencia escrita a las hadas aparece en un manuscrito anglosajón del siglo XI que contiene conjuros para protegerse contra el «flechazo de los elfos». Se creía que estos seres atacaban a sus infortunadas víctimas arrojándoles saetas mágicas portadoras de enfermedades.

Cuando los relatos orales que reflejaban las creencias relativas a las hadas y los encuentros con criaturas sobrenaturales empezaron a ponerse por escrito, literatos y artistas plásticos dispusieron de un rico acervo de leyendas populares en el que inspirarse. Más tarde, a medida que se debilitaba la creencia en ellas, las hadas se transformaron en algo más decorativo que monstruoso; el proceso de paulatina estilización que ha desembocado en la imagen popular del país de las hadas que tenemos en la actualidad debe mucho al maravilloso mundo en miniatura imaginado por Shakesperare en *El sueño de una noche de verano*. En sus comedias, las escenas protagonizadas por hadas han influido en generaciones de escritores y pintores.

Teorías sobre las hadas

Los folcloristas han propuesto diversas teorías para explicar el origen de las hadas:

La teoría del Hades: *las hadas son las almas en pena de los muertos que esperan reunirse con sus cuerpos el día del Juicio Final.*

La teoría mitológica: *las hadas son la representación a escala reducida de las antiguas divinidades celtas.*

La teoría de los pigmeos: *las hadas son una reminiscencia folclórica de un pueblo prehistórico procedente de Mongolia que habría habitado Gran Bretaña y parte del continente europeo, pero acabó extinguiéndose cuando los celtas lo expulsaron de sus territorios.*

La teoría de los druidas: *las hadas son un vestigio folclórico de los druidas y sus prácticas mágicas.*

La teoría naturalista: *las hadas son una supervivencia de la creencia prehistórica en los espíritus de la naturaleza.*

La teoría psicológica: *las hadas son una manifestación de creencias sobre el alma extendidas por todo el mundo, y forman parte del espíritu animista universal.*

La teoría realista: *las hadas son una raza de seres sobrenaturales que existen realmente.*

DESCENSO a los INFIERNOS

LA CREENCIA más extendida sitúa el país de las hadas bajo tierra y lo pone así en estrecha relación con el reino de las tinieblas y la morada de los muertos.

El país de las hadas solía confundirse con el Hades, el mundo subterráneo regido por Plutón, dios romano de los muertos. En el «Cuento del mercader», Geoffrey Chaucer, el poeta inglés del siglo XIV autor de los *Cuentos de Canterbury*, llama a Plutón «rey de las hadas» y hace alusión a su esposa «Proserpina y su séquito de hadas», mientras que Philotus, protagonista de una antigua farsa escocesa, grita a otro personaje: «¡Vete al infierno o al país de las hadas!».

Si un mortal al que se hubiera permitido visitar el Hades tomaba cualquier alimento o bebida durante su estancia, se veía obligado a permanecer allí para siempre. En el país de las hadas existía un tabú similar. Cuando el santo celta Collen penetró en un palacio encantado de Glastonbury Tor, en el condado de Somerset, se guardó mucho de unirse al banquete que se celebraba allí. Al rogarle el rey de las hadas que bebiera y comiera en su compañía, san Collen se negó en redondo. Respondió a los presentes que se fueran al infierno y, asperjándolos con un frasco de agua bendita que había pasado de rondón, hizo desaparecer el palacio y a las hadas que albergaba.

El país subterráneo de las hadas no sólo recuerda el Hades; evoca también a los muertos que yacen bajo tierra. Los túmulos prehistóricos, formados por montones de tierra acumulados sobre las fosas, solían considerarse el emplazamiento más a propósito para los palacios de las hadas. En Irlanda se creía que los caudillos del pueblo de las hadas gobernaban desde un túmulo funerario de la Edad de Bronce conocido como Brugh del río Boyne. Según las leyendas

folclóricas, los mortales podían penetrar en las regiones subterráneas habitadas por las hadas utilizando diversos métodos. En algunos lugares de Escocia, el acceso a las colinas huecas que cobijaban a las hadas se obtenía dando nueve vueltas a su alrededor para que se abriera una puerta; en cambio, el famoso arpista irlandés Cliach hizo sonar su instrumento ante la colina encantada del rey elfo Bedb hasta que la tierra se abrió: su música le había ganado la admisión al país de las hadas.

Aunque el folclor siempre ha establecido una estrecha relación entre la fertilidad humana y la de la tierra, la asociación de las hadas con los muertos tenía consecuencias francamente negativas con respecto a esto. Las creencias populares consideraban a estas criaturas espíritus temibles que obtenían gran parte de su fuerza despojando de la suya a los vivos. Sus actividades eran especialmente dañinas en los períodos de fertilidad humana o agrícola. Si «los buenos vecinos» se encolerizaban, podían arruinar las cosechas o secar la matriz de las mujeres.

Einion viaja al interior de la tierra

«Un día nublado y neblinoso, un pastorcillo que se dirigía a las montañas erró el camino.
Tras vagar durante horas, llegó a una hondonada oculta entre juncos, donde distinguió
rastros de pisadas que formaban corros. Gracias a las huellas, reconoció el sitio, del que había
oído contar que era peligroso para los pastores. Intentó alejarse de allí, pero fue en vano. En
ese momento apareció un anciano risueño de ojos azules. Confiando encontrar el camino a
casa, el muchacho siguió al hombre, que le hizo la siguiente recomendación:

—No digas una palabra hasta que te lo ordene.

Al poco llegaron a un lugar donde se alzaba un menhir. Tras golpearlo tres veces, el anciano
lo levantó. La roca dejó al descubierto un estrecho agujero con peldaños del que salía una luz
blancoazulada.

—Sígueme —dijo el anciano—, no te ocurrirá nada malo.

El pastorcillo obedeció y, tras descender unos cuantos peldaños, se encontró en un país
maravilloso, fértil y lleno de
árboles, en el que había un
hermoso palacio rodeado de ríos y
montañas. Se encaminó hacia él,
hechizado por el canto de los
pájaros. En el interior del palacio
se oía todo tipo de músicas, pero el
muchacho no pudo ver a nadie. A
las horas de las comidas, los
platos aparecían y desaparecían
como por ensalmo. El pastorcillo
oía voces a su alrededor, pero no
veía a nadie, a excepción del
anciano, que lo autorizó por fin a
hablar. Pero cuando intentó
hacerlo, se dio cuenta de que no
podía mover la lengua.

En ese momento se le acercó una
dama anciana de aspecto
bondadoso acompañada de tres
hermosas doncellas. Al ver al
zagal, las muchachas sonrieron y
le dirigieron la palabra, pero él no
consiguió responderles. Entonces,
una de las jóvenes lo besó y, de
buenas a primeras, el pastorcillo
empezó a conversar lleno de
animación e ingenio. Vivió en el
palacio durante un año y un día,
acompañado por las doncellas y
disfrutando a su antojo de aquel
maravilloso país, en el que creyó
haber pasado sólo un día, pues en
aquella tierra el tiempo no tenía
importancia.»

DE UNA ANTIGUA LEYENDA GALESA

Un REINO BAJO el MAR

EN OCASIONES se afirmaba que el país de las hadas estaba «allende el mar, muy lejos». Los antiguos irlandeses creían en la existencia de un hermoso país al otro lado del mar, conocido como la Tierra Prometida, que habitaban los dioses y visitaban ocasionalmente los héroes. Este Elíseo ultramarino se metamorfoseó gradualmente en un país de las hadas alternativo. La raza de las hadas, o Tuatha de Danann, podía vivir bajo los túmulos de la Irlanda prehistórica, o bien en Tirfo Thuinn, la «tierra bajo las olas».

En un intento de explicar la existencia de dos mundos sobrenaturales habitados por hadas, Alfred Nutt, folclorista inglés del siglo XIX, sugirió que reflejaban las creencias respectivas de dos culturas coexistentes. Una de ellas tenía la costumbre de embarcar a sus guerreros muertos hacia sus lugares de decanso eterno en el mar occidental; la otra, de enterrarlos bajo grandes túmulos de tierra.

La idea de que existe un paraíso encantado al otro lado del mar procede de las historias mitológicas de Avalon, la isla de los Bienaventurados. Las novelas medievales de caballería están llenas de héroes a los que las hadas hechizan para atraerlos al reino de Avalon. El rey Arturo se retiró a él para sanar sus heridas, y sus caballeros sir Lancelot y sir Gawain también lo visitaron.

El Señor de los Anillos, la estupenda trilogía de J.R.R. Tolkien, finaliza con el embarco de los elfos de la Tierra Intermedia en el Puerto Gris para atravesar el mar Alto en busca de «blancas playas y un lejano país verde donde el sol se alza con rapidez».

Aunque siempre fuera un lugar remoto, en ocasiones este Elíseo de las hadas no estaba situado al otro lado del mar. La imaginación popular también favorecía su localización en los lagos. Según una leyenda celta, Laeghaire, hijo del rey de Connaught, y cincuenta de sus guerreros se zambulleron en un lago para ayudar a un elfo a recuperar a su esposa, secuestrada por un rival subacuático. La Dama del Lago, poderosa hada de las profundidades lacustres, es bien conocida gracias a su participación en la leyenda artúrica.

Lady Wilde, conocida folclorista decimonónica y madre de Oscar Wilde, describió así a las hadas del Lough Neagh, en Irlanda: «En lo más profundo de las aguas del Lough Neagh, aquellos que poseen el don de la videncia aún pueden vislumbrar los muros y las columnas de los hermosos palacios habitados por la raza de las hadas cuando eran diosas de la tierra; esta leyenda de una ciudad sumergida bajo las aguas ha perdurado durante siglos entre las gentes».

Un BOSQUE INGLÉS cerca de ATENAS

EL MUNDO encantado de *El sueño de una noche de verano*, que William Shakespeare decidió situar en pleno corazón de la campiña inglesa, es la más poderosa evocación del país de las hadas que se haya escrito nunca. Es también la primera obra teatral en la que se trata por extenso el tema de las hadas.

Aunque, según las acotaciones, la acción dramática se desarrolla en la Grecia clásica, el mágico «bosque cercano a Atenas» y el país de las hadas ubicado en su espesura tienen un inconfundible aire inglés. Shakespeare describe la belleza familiar del paisaje patrio. Las flores que engalanan este reino encantado son las «altas prímulas», «fragantes madreselvas», «humildes violetas» y «delicadas rosas de almizcle», y los diminutos súbditos de la reina de las hadas, Titania, se identifican con ellas hasta el punto de llevar nombres como Flor de Guisante y Semilla de Mostaza.

Shakespeare no sólo hizo a sus hadas deliberadamente minúsculas —casi por primera vez en la historia de la literatura—, sino también bondadosas en la mayoría de las ocasiones. Los menudos cortesanos de Titania mantienen alejados a lechuzas, serpientes, arañas, salamandras y murciélagos, alimañas asociadas con la brujería, mientras que la propia reina se inquieta ante la posibilidad de que sus disputas con su consorte Oberón perjudiquen a los humanos.

El liliputiense y primoroso país de las hadas de Shakespeare ofreció una nueva perspectiva rebosante de imaginación y, tras inspirar a generaciones de escritores y pintores, contribuyó a configurar nuestra imagen de ese reino encantado. El hada que «debe buscar unas gotas de rocío para colgar una perla en cada prímula» es una antepasada directa de las delicadas y detallistas criaturas florales de la artista contemporánea Cecily Mary Barker, tan populares en nuestros días.

Al crear los personajes de *El sueño de una noche de verano*, Shakespeare contrajo deudas tanto con la tradición oral como con la mitología clásica. El folclor le proporcionó figuras como Puck, o Robín Buenazo, doméstico diablillo aficionado a las faldas y las travesuras. En cambio, para ocupar el lugar de Mab, la telúrica reina de las hadas de las leyendas orales, el autor creó a la más cortesana Titania y la invistió de muchos de los atributos de la diosa Diana.

A pesar de sus reducidas dimensiones, las hadas de *El sueño de una noche de verano* poseen poderes formidables. Controlan la meteorología y las estaciones, y cuando riñen entre sí la Naturaleza entera se echa a temblar. Shakespeare aprovechó su familiaridad con las supersticiones campesinas para hacer de las hadas personajes de otras obras teatrales, en las que sin embargo no volvieron a desempeñar el papel de protagonistas. La reina Mab de *Romeo y Julieta*, criatura diminuta dotada de numerosas cualidades maravillosas, se aleja de la tradición conduciendo un carruaje construido con la cáscara de una avellana y tirado por hormigas. En *La tempestad*, Ariel, el duende aéreo, pertenece a la categoría de los espíritus de la naturaleza.

El pequeño país floral de *El sueño de una noche de verano* ha ejercido una influencia persistente. En el siglo XVII, el nacimiento del culto a la miniatura animó a los poetas a crear imágenes cada vez más caprichosas del estilo de vida de las hadas en el corazón de la naturaleza. En el XIX, al imponerse la moda de las pinturas de hadas, las escenas de *El sueño de una noche de verano* se convirtieron en una fuente inagotable de inspiración. Las pinturas de hadas del poeta y artista inglés William Blake contribuyeron a fomentar este gusto. Blake, que se inspiraba en Shakespeare tanto como en las tradiciones populares y creía en la existencia de las hadas, afirmaba haber visto «una procesión de criaturas del tamaño y el color de saltamontes verdes y grises que transportaban un cuerpo sobre un pétalo de rosa» mientras paseaba a solas por su jardín.

Las hadas de Shakespeare y el teatro victoriano

El sueño de una noche de verano tuvo un éxito extraordinario en los escenarios teatrales del siglo XIX, en los que no se escatimaron medios para crear efectos cada vez más sorprendentes. La dificultad de producir en los espectadores una ilusión semejante al estado de ensueño se superaba haciendo aparecer y desaparecer a los actores mediante trampillas y plataformas deslizantes, velándolos tras gasas y haciéndolos volar suspendidos de tramoyas.

Una producción de 1853 dirigida por Samuel Phelps en el teatro Sadlers Wells de Londres mereció los elogios de Henry Morley por sus fascinantes efectos especiales. Comentando el empleo de gasas coloreadas, este crítico escribió: «Consiguen transformar a actores de carne y hueso en algo muy parecido a criaturas de ensueño, y los integran de forma más efectiva en las escenas vertiendo sobre todos ellos la misma tonalidad verdosa de las hadas y una idéntica neblina».

Camino del hogar, cerca del bosque
o de la fuente, el campesino atisba,
o tal vez sueña, el baile de los elfos;
mientras la luna, cerca de la tierra,
sigue su blanco curso y los contempla,
absortos en su danza, con alegre
música encantan al labriego y llenan
su corazón de regocijo y miedo.

JOHN MILTON, *EL PARAÍSO PERDIDO*

En *El Señor de los Anillos*, publicado en un solo volumen en 1968, J. R. R. Tolkien describe de forma memorable el primer encuentro de los *hobbits* con el venerable espíritu de un árbol, llamado Bárbol: «Una enorme figura parecida a un hombre, o más bien a un endriago, de al menos cuatro metros de altura, muy corpulenta, con la cabeza alargada y sin apenas cuello. Si se arrebujaba en una capa hecha de corteza verde y gris, o si ésta era su guarida, hubiera resultado difícil decirlo. Fuera como fuese, los brazos carecían de arrugas en la zona próxima al tronco y estaban cubiertos de una tupida barba verde cuyos pelos tenían casi el grosor de ramitas en las raíces y eran delgados y musgosos en las puntas. Al principio, sin embargo, los *hobbits* apenas se fijaron en otra cosa que no fueran los ojos. Los mismos ojos hundidos que los escrutaban en ese momento, animados por un relampagueo de luz verdosa».

ÁRBOLES ENCANTADOS

LA COSTUMBRE de rendir culto a los árboles es muy anterior al cristianismo. Aunque la Iglesia hizo ímprobos esfuerzos por erradicar tal práctica, siguió floreciendo, especialmente en la mitología relacionada con las hadas.

Casi todos los árboles poseen algún atributo sagrado, que se remonta a creencias ancestrales y al rito de utilizarlos como lugares de enterramiento. Las hadas, como los muertos, habitaban en los árboles. Según las leyendas, las almas de los muertos pasaban a los árboles, donde esperaban la reencarnación.

En el folclor abundan las advertencias sobre los peligros que acarreaba cortar árboles o matorrales habitados por hadas. En algunos casos, resultaba imposible. Unos leñadores del Ulster que intentaron talar un *skiough*, o arbusto de las hadas, no obtuvieron más resultado que mellar sus hachas. No obstante, si los mortales perseveraban y conseguían abatir uno de esos árboles encantados, la mala fortuna no los abandonaba el resto de sus vidas.

Los espíritus que habitaban los espinos eran muy capaces de vengarse de quien los cortara o perjudicara de algún modo. Un granjero culpable de arrancar uno de estos arbolillos vio perecer su ganado y morir a sus hijos uno tras otro, mientras que dos hermanos irlandeses que talaron los espinos de un túmulo funerario «perdieron su suerte»; de hecho, uno fue «aojado por las hadas de tal modo que nada consiguió sanarlo».

La tradición popular consideraba al espino el árbol de la reina de las hadas. Era de mal agüero adornar con sus flores el interior de las casas, pues podían acarrear la muerte a sus moradores. Tomás el Bardo, hidalgo escocés del siglo XIII de quien se aseguraba que había pasado siete años en el país de las hadas, advirtió a los habitantes de las aldeas vecinas a sus dominios que cuidaran de un espino en particular:

Erceldoune conservará sus tierras
mientras su espino se alce en ellas.

Este espino, conocido como «el árbol de Eildon», sobrevivió hasta nada menos que 1814, año en que una tormenta lo arrancó de cuajo. Los campesinos intentaron devolverlo a la vida vertiendo whisky sobre sus raíces, pero fue en vano. La profecía se confirmó. El pueblo atravesó una racha de desastres económicos y tuvo que vender su común para pagar las deudas.

Una conocida canción popular afirmaba que «las hadas nobles habitan viejos robles». El roble, árbol sagrado de los druidas, posee fuertes asociaciones

A los fragantes bosques correremos
a ver el endrino en nieve envuelto.
En lo alto ya retoñan nuevas hojas
y arrulla solitaria una paloma;
los claros con mil músicas se agitan
y suelta el carpintero locas risas.
Roba flores el viento al negro endrino
y brotes al majuelo retorcido;
cual gotas de oro o verde granizada
la brisa por el bosque los derrama,
y flotan como lluvia que un sonido
de hadas en el aire ha detenido.

MARY WEBB, «LLUVIA VERDE»

mágicas. En *The Faery Caravan* (El cortejo de las hadas), la autora de libros infantiles Beatrix Potter menciona a los traviesos «hombrecillos de los robles», criaturas enanas y rechonchas tocadas con sombreros de seta tan rojos como sus narices. En *Forgotten Folk-Tales of the English Counties* (Cuentos folclóricos olvidados de los condados ingleses), Ruth Tongue relata la historia de una zorra perseguida por cazadores a la que socorren los hombrecillos de los robles, «que protegen a todas las criaturas del bosque». La ponen a salvo en el interior de su árbol y, para que sane de sus heridas, le aconsejan: «Lávate las zarpas en la pila de lluvia de nuestro roble». Apenas lo hace, la piel le vuelve a crecer y sus patas se curan por completo.

Según una leyenda de Lincolnshire, el mal de ojo podía evitarse si el árbol era viejo y se obtenía el permiso de las hadas para talarlo. Un nativo de la zona lo explicaba así: «No hay más que decir: "Por favor, hada, dame un poco de tu leña y yo te daré un poco de la mía cuando me entierren en un árbol"».

MARAVILLAS FLORALES

SEGÚN LAS leyendas tradicionales, determinadas plantas proporcionaban una eficaz protección contra los encantamientos de las hadas. La más popular era el trébol de cuatro hojas, al que en muchos países se sigue considerando portador de buena suerte. Se afirmaba que permitía elaborar un ungüento mágico capaz de hacer visibles a las hadas, tal como descubrió la lechera de un cuento folclórico incluido en *Popular Romances of the West of England* (Cuentos populares del oeste de Inglaterra) de Robert Hunt: «En una granja de West Buriens vivía una hermosa vaca llamada *Daisy*, que daba leche de excelente calidad durante largas temporadas, aunque era imposible sacarle más de siete litros, pues, una vez obtenida tal cantidad, ponía las orejas tiesas apuntando hacia delante, soltaba un suave mugido y retenía lo que quedaba en sus ubres. Cierta tarde que la lechera ordeñaba las vacas en el prado ocurrió lo de costumbre. La muchacha se puso un puñado de hierba en la cabeza para amortiguar el peso del cubo, lo recogió del suelo y emprendió el camino a casa. Al ir a cruzar la puerta de la cerca, volvió la vista para mirar a *Daisy* y descubrió que estaba rodeada de hadas, que revoloteaban a su alrededor sosteniendo pozales diminutos. Era evidente que *Daisy* estaba encantada con sus acompañantes, que no dejaban de acariciarla y darle palmaditas. Una de aquellas criaturas, mayor que las demás y dotada de una desvergonzada sonrisa que permitió a la lechera reconocerla como un

pixy, estaba tumbada boca arriba en la hierba con los pies en el aire mientras los demás se turnaban subiéndose encima para ordeñar al animal».

La lechera comprobó que entre el manojo de hierba que había arrancado para utilizar como almohadilla había un trébol de cuatro hojas, y comprendió la razón por la que había podido ver a las hadas.

Otra de las plantas a las que se atribuían poderes mágicos era la hierba de san Juan (*Hypericum*). Los campesinos solían llevarla encima para mantener a distancia a las hadas, práctica de la que deja constancia sir Walter Scott, según el cual la siguiente rima fue pronunciada por un demonio al no poder acercarse a una muchacha que llevaba consigo hierba de san Juan y verbena:

Si quieres que sea tu fiel galán
tira la verbena y la hierba de san Juan.

Algunas plantas, en particular la dedalera, el perifollo, el nenúfar y la acedera, tenían propiedades especiales que podían sanar a las víctimas del «mal de ojo de las hadas», un funesto encantamiento capaz de producir la parálisis. No obstante, era preciso tomar todo tipo de precauciones antes de aplicar tales remedios, pues podían provocar otro ataque de las hadas.

Los peligros del lirio de los valles eran bien conocidos y quedan perfectamente ilustrados en esta canción tradicional del condado de Somerset:

Del lirio que en el bosque crece,
mocitas, por Dios, guardaos.
Su dulce aliento es de muerte,
mocitas, pasad de largo.

Según una leyenda de Sussex, una atolondrada matrona, desoyendo la mencionada advertencia, envió a recoger lirios de los valles a su hija, «...que por supuesto enfermó y murió,

Será toda de pétalos de rosa
la tela de su cama, blanca y roja;
cortinas y cenefa y baldaquín
serán también de flores, y un sinfín
de azules campanillas harán de orla.
La funda de la almohada, un lirio con
polvo de mariposa por plumón.

Michael Drayton, *Nymphidia*

como todo el mundo temía». No obstante, la
muchacha había hecho prometer a su madre
que depositaría un ramo de lirios en su ataúd
antes de enterrarla. La mujer no consiguió
encontrar las flores, pero sí a «un viejo
vestido de negro» que le entregó un cesto
lleno de lirios. «Nunca supo de dónde venía ni
adónde se dirigía el anciano, al que nadie
había visto con anterioridad.» La madre pudo
cumplir la promesa hecha a su hija agonizante
y colocó los lirios en el féretro, pero murió
tres días después.

A medida que se debilitaban las creencias
populares en las temibles hadas de las
leyendas, las flores quedaron reducidas a
elementos decorativos de un país de las hadas
cada vez más pequeño. La deliciosa
descripción que de la alcoba de la reina
Titania hace su esposo Oberón en *El sueño de
una noche de verano* inspiró una visión renovada
de su reino encantado:

Yo sé de un ribazo que aroma el tomillo
y esmaltan la humilde violeta y la prímula,
al que hace de palio una madreselva,
con rosas de almizcle y tiernas eglantinas.

Conforme fueron disminuyendo de tamaño, las
hadas se identificaron cada vez más con el mundo
vegetal que habitaban.

Las antiguas creencias folclóricas en las virtudes de
determinadas plantas cayeron en el olvido. La
dedalera, despojada de su poder contra los
encantamientos, se transformó en el tocado tradicional
de las hadas, mientras que las azucenas les hicieron las
veces de almohadones. El potencial imaginativo de un

diminuto mundo floral poblado de hadas ha obtenido
su más reciente y conocida expresión en *The Book of the
Flower Fairies, and Flower Fairies of the Garden* (El libro de
las hadas florales y de jardín) de Cicely Mary Barker.
Sus detalladas ilustraciones, que han hecho las delicias
de generaciones de niños, siguen siendo enormemente
populares. No obstante, la autora tuvo buen cuidado
de mantener la distancia respecto a los minúsculos
espíritus de la naturaleza sobre los que escribía, y
admitió en el prefacio a dicha obra: «Nunca he visto
un hada; las hadas y todo lo que las rodea son sólo un
producto de nuestra imaginación».

HONGOS MÁGICOS

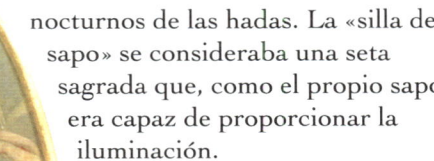

LOS HONGOS, que el folclor consideraba la simiente de los dioses, se convirtieron en uno de los accesorios favoritos de las hadas, ya fuera como tronos, mesas de banquete o centro de los «anillos» que formaban al danzar; no obstante, su inclusión en el mundo de las hadas ha sido relativamente reciente.

La tradición oral contiene numerosas referencias a las danzas en corro que ejecutaban las hadas a medianoche y a los círculos de hierba marchita o reluciente que dejaban, para los que se han propuesto diversas explicaciones.

Los «anillos de las hadas» se han atribuido al *Agaricus pratinus*, una especie de hongo que se propaga lanzando un entramado de esporas que suele formar una figura circular. El hecho de que las setas surjan aparentemente de la nada y crezcan con asombrosa rapidez contribuyó a rodearlas del apropiado halo mágico. A finales del siglo XIX, las ilustraciones que mostraban a hadas bailando solían incluir hongos en algún lugar de la escena.

Si las propiedades alucinógenas de la *Amanita muscaria*, considerada un hongo mágico, le valieron un lugar de privilegio en el país de las hadas, el carácter venenoso del *toadstool* («silla de sapo»), nombre popular dado en inglés a las setas no comestibles, aportaba tonalidades siniestras sobre los jolgorios nocturnos de las hadas. La «silla de sapo» se consideraba una seta sagrada que, como el propio sapo, era capaz de proporcionar la iluminación.

Aunque Shakespeare no los menciona como integrantes del hábitat de las hadas, los poetas ingleses del siglo XVII no tardaron en captar las posibilidades imaginativas de los hongos en su busca de decorados a propósito para sus diminutos mundos encantados.

En *The Pastime and Recreation of the Queen of the Fairies in Fairyland, the Center of the Earth* (Pasatiempos y recreos de la reina de las hadas en su reino encantado del centro de la Tierra), la duquesa de Newcastle describió con detalle el tren de vida de la reina Mab. Sentada a una mesa consistente en una seta cubierta por un mantel de tela de araña, la soberana de las hadas se regalaba con «Tortillas de huevos de hormiga frescos y leche de las ubres de un lirón».

La conocida imagen del duende sentado con las piernas cruzadas sobre un hongo venenoso, que se ha convertido en frecuente motivo ornamental de los jardines, procede de las fantásticas descripciones de los poetas inmediatamente posteriores a Shakespeare, que inspiraron a los pintores de finales del siglo XVIII y del XIX. El iniciador de la moda parece haber sido sir Joshua Reynolds con un cuadro de 1789 en el que Puck aparece sentado en una seta con aspecto de golfillo. La imagen se hizo muy popular. Al ser presentado a subasta, el cuadro «produjo tal admiración que provocó una salva de aplausos».

Otra pintura del mismo género, *El despertar de Titania* de Heinrich Füssli, muestra al rey y la reina de las hadas, así como a los miembros de su corte, encima de una seta. Los sucesivos pintores de hadas hicieron ocupar a las hongos

En esto empezó a llover, y con su reina
el rey se refugió bajo una seta;
gusanos daban luz en aquel techo
hermoso cual dosel de augusto lecho
haciendo que brillara como plata,
igual que las estrellas cuando escarcha.

DEL POEMA DEL SIGLO XVII «PASATIEMPOS DE LAS HADAS»

un lugar de honor. En el *Puck* de Richard Dadd, el elfo aparece sentado en un hongo con las piernas cruzadas bajo un rayo de luz, mientras un grupo de hadas se entregan a una danza frenética a su alrededor. En una imagen erótica pintada por Thomas Heatherley, *Hada sentada en una seta*, una diminuta Venus desnuda da la espalda al espectador sentada sobre la fálica forma de un hongo, cuyas carnosas curvas armonizan con las del hada.

En *Hada descansando sobre una seta*, que Heatherley pintó por la misma época, una menuda odalisca se recuesta en el hongo rodeada por un enjambre de amenazantes demonios armados de púas.

Los ecos de las descripciones de banquetes celebrados sobre hongos, tan numerosas en la poesía del siglo XVII, resuenan en las visionarias imágenes de John Anster Fitzgerald, que pintó varios convites de hadas, todos ellos rodeados de un halo siniestro. En *El banquete de las hadas*, la narcótica enredadera púrpura flota sobre la escena para sugerir que la comida no es apta para mortales. El hecho de que los manjares estén dispuestos sobre un hongo refuerza el mensaje.

Entrada dramática

La popularidad de los hongos como asiento de las hadas se extendió a las producciones decimonónicas de El sueño de una noche de verano. *Ellen Terry debutó a los ocho años interpretando el papel de Puck en una popular representación de la comedia. La joven actriz hacía su espectacular entrada emergiendo del suelo sobre un hongo; pero una noche se enganchó en la maquinaria y se fracturó el pulgar de un pie. Dando prueba de auténtica profesionalidad, la niña prosiguió su interpretación con tal flema que el director Charles Kean le dobló el sueldo, profundamente impresionado por su pundonorosa actuación.*

El CORRO de las HADAS

LAS HADAS de las leyendas folclóricas trabajaban en contadas ocasiones. Dado que pasaban la mayor parte del tiempo bailando, no es de extrañar que su afición a la música y la danza haya quedado reflejada en innumerables referencias.

En algunas ocasiones, las hadas atraían a músicos humanos a su reino encantado para que acompañaran sus danzas. Otras veces podían distinguir a determinados mortales otorgándoles el don de la música. Según una leyenda, un miembro de los McCrimmon, célebre familia de músicos escoceses, despreciado por su falta de talento, se convirtió en famoso gaitero tras su encuentro con un pequeño elfo. También se dice que los gaiteros humanos aprendieron de las hadas muchas de sus melodías. Tal origen se atribuye a la canción de corro «La danza de las hadas», y a la conocida melodía «Aire de Londonderry», porque no hay letra humana que parezca convenirle.

El tiempo de las hadas es, naturalmente, la noche. En las colecciones folclóricas abundan las descripciones de bulliciosos elfos bailando a la luz de la luna al sonido del arpa o de las gaitas. Aunque las danzas primitivas se ejecutaban tanto en corro como formando largas cadenas, la disposición favorita de las hadas era el círculo.

Las danzas en corro tenían su origen en ritos de fertilidad que han perdurado en tradiciones campesinas como el baile alrededor del mayo y en los anillos de las hadas de los cuentos orales. Éstas aparecen una y otra vez portando los símbolos masculinos y femeninos básicos. Claro ejemplo de ello son el champiñón o la seta venenosa, de evidente significado fálico, alrededor de los que la tradición tardía creía que danzaban las hadas.

«Anillo de las hadas» era el nombre con que solía designarse al círculo de hierba seca o brillante a cuyo alrededor retozaban los elfos durante la noche. El fenómeno ha recibido diversas explicaciones científicas, pero una leyenda popular de Devonshire aseguraba que se debía a elfos que «capturaban potros en los campos y los cabalgaban en círculo una y otra vez».

John Aubrey, folclorista del siglo XVII, dejó constancia del descubrimiento de un anillo de las hadas por parte de un párroco llamado míster Hart mientras caminaba por las colinas de Wiltshire al atardecer. El sacerdote, «que no salía de su asombro», fue incapaz de echar a correr, pues se sintió paralizado por «un extraño encantamiento». Las hadas, semejantes a «pigmeos o seres humanos muy pequeños, bailaban dando vueltas y más vueltas, al tiempo que cantaban y hacían todo tipo de pequeños y extraños ruidos».

Agua para el elfo y no para mí • Has perdido tu ojo derecho, a tu hijo y hasta a ti • Agua para el elfo y no para mí

«*Yo nunca he visto un elfo o un hada, pero en una ocasión mi madre vio toda una cuadrilla. Ella y otras mozas del pueblo estaban ordeñando las vacas al ponerse el sol, cuando descubrieron un tropel de hadas que bailaban en corro y se sentaban en el prado verde al pie de la colina... Se cubrían las cabezas con caperuzas de seda azul, vestían ropas de satén verde y calzaban sandalias de membranas amarillas. Sus espesas melenas castañas, relucientes como el sol de verano, les llegaban hasta la cintura. Tenían la piel tan blanca como el cisne del lago, y voces tan melodiosas como la del tordo del bosque. Sus rasgos eran tan hermosos y delicados como los de una pintura, y caminaban con pasos tan ligeros y señoriales y tenían una actitud tan juguetona como la cierva roja de las colinas.*»

DE UNA RECOPILACIÓN DE CUENTOS POPULARES ESCOCESES DE 1877

La FUENTE de los DESEOS

LOS CELTAS creían que fuentes y manantiales daban entrada al misterioso mundo subterráneo. Tal creencia persistió en las leyendas folclóricas, que consideraban que las fuentes encantadas eran puertas al país de las hadas. Sus mágicas aguas, o las criaturas sobrenaturales que moraban en ellas, tenían la virtud de curar enfermedades o proporcionar buena suerte.

En el siglo XVII, el dramaturgo John Fletcher describió una fuente mágica dotada de poderes milagrosos en *The Faithful Shepherdess* (La pastora fiel):

Una fuente encantada de floridos pretiles
donde bailan en corro las ágiles hadas,
que a la pálida luz de la luna sumergen
sin descanso criaturas a sus madres robadas
confiando lavarlas del dolor y la muerte.

Un cuento de Northumberland relata la historia de un caballero que, tras perder las manos y los pies a causa de la lepra, se arrastró hasta la Fuente de las Burbujas y se bañó en ella. Cuando emergió, no sólo se había curado de la enfermedad, sino que había recuperado manos y pies. Un malvado hechicero intentó perjudicar a la fuente arrojando a ella a una vieja bruja, pero el agua se alzó y corrió colina abajo arrastrando a bruja y hechicero. El torrente creció y creció, y acabó arrojándolos al mar.

Quienes acudían a la fuente Loch Siant de la isla escocesa de Skye en busca de cura para sus males debían dar tres vueltas a su alrededor después de probar el agua. La Fuente de los Cinco Peniques, en la isla Eigg de las Hébridas, tenía la virtud de sanar la primera enfermedad de quien bebiera su agua; en cambio, el forastero que durmiera durante la noche junto a la fuente despertaría con alguna deformidad.

Las hadas guardianas de las fuentes mágicas adoptaban diversas formas. En una fuente cercana a Banff, en Escocia, el espíritu residente tomaba la apariencia de una mosca. Si se mostraba vivaz, era buen presagio; si perezosa, la mala suerte estaba garantizada. El hada de la Fuente del Violinista, cerca de Cromarty, en Escocia, se manifestaba en forma de abeja. Según la leyenda, el insecto había guiado a William el Violinista al lugar cuando estaba enfermo empleando la estratagema de llamarlo con la voz de un amigo muerto. El músico cavó en la tierra con las manos hasta dejar al descubierto el manantial, bebió de su agua y se curó milagrosamente.

Era habitual hacer ofrendas a los espíritus de las fuentes. Podían consistir en guirnaldas de flores, trozos de tela atados a los matorrales cercanos, prendedores o monedas. Los enamorados solían arrojar agujas al agua esperando que el espíritu tutelar bendijera su unión. Si la aguja flotaba, era buena señal. Si se hundía, los novios sabían que les convenía separarse. En Inglaterra era habitual engalanar las fuentes con guirnaldas de flores el día de la Ascensión, mientras que en Irlanda era costumbre hacer lo propio el primero de agosto, fecha en que se honraba a los difuntos de la familia.

En la Calzada del Diablo de Shropshire, se creía que Satanás y sus acólitos presidían una fuente encarnados en sapos. La tradición folclórica que consideraba a los sapos criaturas demoníacas que acechaban en el fondo de las fuentes pasó a las historias de hadas.

En «La princesa y la rana», una princesa promete casarse con una rana que habla, que encuentra en una fuente del bosque, si el batracio consigue recuperar la pelota de oro de la joven. Pero cuando la rana le devuelve la pelota, la princesa se niega a cumplir su promesa. El animal la importuna hasta conseguir que acceda a hacerle sitio en su cama. Entonces se transforma en un hermoso príncipe. «El joven explicó a la princesa que un hada malvada lo había tranformado en rana y que no recuperaría su apariencia humana hasta que una princesa lo sacara de la fuente y le permitiera dormir tres noches en su lecho.»

En su ELEMENTO

EN «La preexistencia del alma», Henry More atribuye a hadas y espíritus del aire una inigualable capacidad de transformación:

Los que habitan el aire adoptan fácilmente
las más diversas formas y tan pronto parecen
labriego corpulento como hermosa doncella,
o al punto se transforman, si aterrarnos pretenden,
en ágil leopardo acechando a su presa.

John Milton compartía un punto de vista similar en *El paraíso perdido*:

Pues pueden los espíritus asumir a placer
cualquiera de los sexos, o ambos a la vez,
y la forma que gusten, dilatarse, menguar,
lucir o ser oscuros, y el aire dominar.

El más famoso de los elfos aéreos es el bien llamado Ariel, personaje de *La tempestad* de Shakespeare. A diferencia del telúrico Puck, Ariel es un ser generalmente invisible que «bebe el aire ante sí». Al final de la obra, Próspero lo libera con las siguientes palabras:

Así pues a los elementos
te confío, ten buen viaje.

Según Robert Kirk, autoridad en las hadas del siglo XVII, el cuerpo de estas criaturas consistía en aire cuajado, a semejanza del de Ariel. En *The Secret Commonwealth of Elves, Fauns and Fairies* (La comunidad secreta de los elfos, los faunos y las hadas), escribió: «Estos elfos y hadas son al parecer de una naturaleza intermedia entre el hombre y el ángel, tal como antiguamente se afirmaba de los demonios; poseen espíritus inteligentes y curiosos, y cuerpos etéreos y cambiantes (como aquellos que llaman astrales) de naturaleza similar en cierta forma a la de una nube condensada, y visibles sobre todo entre dos luces. Gracias a la sutileza de los espíritus que los agitan, estos cuerpos son tan dúctiles que les permiten aparecer y desaparecer a su antojo».

Si Ariel y sus congéneres eran criaturas etéreas tan tenues y ligeras como el aire, las sirenas, aunque pertenecían al mismo mundo que las hadas, resultaban mucho más consistentes. Voluptuosas ninfas marinas, simbolizaban la naturaleza dual del mar, dador y destructor de la vida.

También existían sirenas de agua dulce. Como las marinas, codiciaban la vida de los mortales. El río Ribble, en el norte de Inglaterra, se consideraba la morada de un siniestro espíritu llamado Peg O'Nell, probable transfiguración de una diosa romana. Esta criatura exigía el sacrificio de un animal cada siete años. Si no lo obtenía, no había más remedio que entregarle una víctima humana en su lugar. El Shellycoat («Capa-de-conchas») era un espíritu masculino que frecuentaba los ríos y arroyos escoceses. Como Willo'-the-wisp, personificación del fuego fatuo, se divertía haciendo perderse a los viajeros.

Sirenas

En las profundidades de las aguas encantadas habitaban diversos espíritus emparentados con las hadas. Los más conocidos eran las sirenas, atractivas criaturas marinas con rostro y torso femeninos y monstruosas colas de pez. Entre sus parientes de tierra adentro se contaba Lorelei, la sirena germana que moraba en el Rin. El demonio acuático inglés Peg Powler, que habitaba en el río Tees, engatusaba a sus víctimas y, tras ahogarlas, las devoraba. Los lugareños llamaban a las abundantes algas del río «los mocos de Peg Powler» y a la espuma flotante, «la nata de Peg Powler».

CADA VEZ más PEQUEÑAS

EL DIMINUTO país de las hadas creado por Shakespeare y los poetas de la primera mitad del siglo XVII acabó convirtiéndose en su imagen más popular; sin embargo, en las leyendas folclóricas pululaban las hadas de todas las formas y tamaños que, además, podían hacerse más grandes o más pequeñas si así lo deseaban.

Como dijo el poeta irlandés W. B. Yeats, «no creáis que las hadas son siempre pequeñas. Todo lo que les concierne está regido por el capricho, incluido su tamaño. Según parece, adoptan la forma y estatura que les apetece en cada momento [...] Las hadas irlandesas pueden ser tan grandes como nosotros, o incluso mayores, mientras que en ocasiones, según me han contado, no alcanzan el metro de altura».

Los caballeros y hechiceras de las novelas de caballería medievales solían tener estatura humana o sobrehumana. En el poema narrativo inglés del siglo XIV *Sir Gawain y el Caballero Verde*, el caballero encantado y su esposa hechicera tienen el tamaño de los seres humanos, por lo que sir Gawain no barrunta su naturaleza sobrenatural. Desgraciadamente, más tarde tiene ocasión de comprobar que sus atentos

anfitriones son en realidad el Caballero Verde y su esposa, el hada Morgana.

Las damas encantadas que encuentra Edric *el Salvaje* en una leyenda inglesa reelaborada por Walter Map en el siglo XII se describen como más altas y corpulentas que las mujeres de la raza humana.

Las hadas de las antiguas baladas escocesas parecen haber tenido dimensiones humanas. Lo mismo puede decirse de las corteses hadas irlandesas, las Tuatha de Danaan, descritas por lo general como parecidas a los mortales.

Sin embargo, en el país de las hadas no existen reglas fijas, y los relatos más antiguos ofrecen también ejemplos de criaturas diminutas. Las baladas escocesas incluyen casos similares, tan curiosos como el de la titulada «El hombrecillo»:

Sus piernas no tenían más de un jeme,
pero eran recias, y ágiles también;
las cejas le distaban un buen palmo
y de hombro a hombro había casi tres.

Las hadas podían cambiar de aspecto a voluntad, como prueba el cuento «Cherry de Zennor», incluido en *Popular Romances of the West of England* (1865) de Robert Hunt. Una muchacha de Cornualles se encontró con un elfo de apariencia humana, «un caballero bien vestido», cuando se dirigía a la feria de un pueblo vecino. El hombre le propuso tomarla a su servicio y la joven aceptó. Juntos cuidaban el hermoso jardín de la casa, «en el que crecían flores de todas las estaciones al mismo tiempo», y al acabar cada arriate el caballero le daba un beso. Pero un día, rompiendo la promesa que había hecho al elfo, la muchacha se aplicó ungüento mágico en un ojo y pudo contemplar a su enamorado a una luz totalmente nueva: «Vio una multitud de seres diminutos que bailaban alegremente, entre los que, furiosa, descubrió a su patrón, tan

La joven que vi en el prado,
hermosa como hija de hada,
tenía el cabello largo,
* tenía los pies ligeros*
y ojos vivos como el fuego.

John Keats,
«La belle dame sans merci»

minúsculo como los demás y en términos
más que amistosos con las pequeñas hadas».
  La posibilidad de cambiar de forma
permitía a las hadas aumentar de tamaño; sin embargo,
según un cuento de Cornualles titulado «La morada de
las hadas en el páramo de Selena», las frecuentes
transformaciones tenían el pernicioso efecto de
hacerlas cada vez más pequeñas, hasta que, reducidas
al tamaño de hormigas, acababan languideciendo y
desaparecían por completo.

GRANDES como MONTAÑAS

L OS SÚBDITOS del país de las hadas podían manifestarse con apariencia humana, pero también monstruosa, y los monstruos engendrados por la mitología popular resultaban realmente terroríficos. Los gigantes y dragones de las antiguas leyendas eran siempre descomunales y estaban dotados de fuerza sobrehumana y colosales apetitos.

Los gigantes del folclor primitivo solían ser caníbales y, en no pocas ocasiones, violadores; los relatos de jayanes devoradores de carne humana engrosaron la mitología de los cuentos de hadas. En las historias sobre Etin *el Rojo*, el monstruo escocés «con tres ojos», este gigante solía bravuconear así:

Husmeo por aquí y husmeo por allá,
y huelo a muchas leguas la carne de mortal;
esté vivo y coleando o por desenterrar,
me comeré esta noche su corazón con pan.

El grito tradicional de los gigantes ingleses, *«Fee, fi, fo, fum»*, que aparece en cuentos de hadas populares como «Jack *el Matagigantes*», era una versión resumida de las amenazas de Etin *el Rojo*, si bien el Goliat de Jack prefería triturar los huesos de sus víctimas humanas para hacerse pan.

En la tradición posterior, la maña solía resultar más útil que la fuerza para vencer a los gigantes. Seguían siendo enormemente fuertes, pero se habían vuelto estúpidos. Algunos eran, además, cobardes, como Gorm, que originó la colina de Maes y el dique de Wand en el valle del río Avon al dejar caer por descuido una gigantesca palada de tierra. Sin embargo, cuando tuvo que vérselas con el encolerizado señor de Avon, salió huyendo, se hizo un lío con los dedos de sus propios pies y cayó de cabeza al canal de Bristol.

Existen referencias históricas sobre el empleo de efigies de gigantes para hacer huir al enemigo o para ralentizarlo de forma mágica. En ocasiones se trazaban sus imágenes en la turba. Un conocido ejemplo es el gigante de Cerne, figura colosal que empuña una clava, esculpida en la greda de una colina próxima a Cerne Abbas, en el condado de Dorset, al sudoeste de Inglaterra. Se afirma que es la silueta de un gigante al que dieron muerte los lugareños mientras dormía después de haberse dado un atracón con el ganado de los contornos.

El gigante tonto

Si bien no resultaban tan terroríficos como sus predecesores, los gigantes de la tradición tardía podían ser terriblemente tontos. El gigante de Cornualles Carn Galva es un ejemplo extremo. Aunque tenía un corazón de oro, este ogro adolecía de una ignorancia escalofriante respecto a su propia fuerza, como queda patente en Traditions and Hearthside Stories of West Cornwall *(Tradiciones y relatos orales del oeste de Cornualles) de William Bottrell. Según parece, el mejor amigo de Carn Galva era un simple mortal. A pesar de ello, cuando ambos se despedían cierto día, el atolondrado ogro*

THE GIANT'S SHADOW

cometió un error de fatales consecuencias: «Tamborileó con las yemas de los dedos en la cabeza de su camarada, al tiempo que le decía: "No te olvides de volver mañana, muchacho, que jugaremos una partida de bolos estupenda". Antes de que la palabra «bolos» saliera de los labios del gigante, el joven cayó a sus pies: la caricia del ogro había descalabrado a su compañero de juegos». Horrorizado por lo que había hecho, Carn Galva fue decayendo poco a poco y murió siete años más tarde con el corazón destrozado.

TRANSPORTES de PLACER

S I TUVIERAN que describir a un hada, serían muchas las personas que empezarían hablando de sus alas. Sin embargo, estos apéndices son un añadido relativamente reciente. Las hadas voladoras hicieron su primera aparición en «El rapto del bucle», poema del autor dieciochesco Alexander Pope. Su éxito se debió en buena parte a la influencia del arte clásico. Psique, la diosa griega del alma, solía ser representada como una criatura de apariencia humana, aunque pequeña y con alas de mariposa. Los artistas del Renacimiento, que sentían especial predilección por el mito de Cupido, solían pintarlo acompañado por un séquito de ayudantes femeninas con aspecto de hadas y alas de mariposa. Los amorcillos alados de la escultura griega y romana también influyeron en los escritores y artistas posteriores, que dotaron a sus hadas de alas para hacerlas más decorativas.

Las descripciones de ángeles de la Biblia constituyeron otra fuente de inspiración fundamental. En ocasiones se ha representado a las hadas con alas cubiertas de plumas; por otro lado, el hada del árbol de Navidad es casi con certeza un ángel transfigurado. De hecho, estaba muy extendida la creencia de que las hadas eran ángeles caídos.

Las hadas de Shakespeare eran lo bastante pequeñas para volar a lomos de un pájaro, o de un murciélago, como Ariel en *La tempestad*; en cambio, en *Romeo y Julieta* la reina Mab viaja por los aires transportada por «una recua de minúsculas criaturas» cuyo cochero es «un mosquito de librea gris». Las minuciosas y delicadas descripciones de Shakespeare inspiraron a los poetas posteriores, que prodigaron los detalles ornamentales al concebir sus países encantados. Además de proveerlas de alas, la estrecha asociación de hadas e insectos dio origen a descripciones cada vez más imaginativas de los medios de transporte aéreo de que se valían.

Algunas hacia el sol abren alas de insecto...

Algunas hacia el sol abren alas de insecto,
y oscilan en la brisa o entran en nubes de oro;
casi en la luz fundidos, fluyen sus tenues cuerpos
y escapan, transparentes, a los mortales ojos.

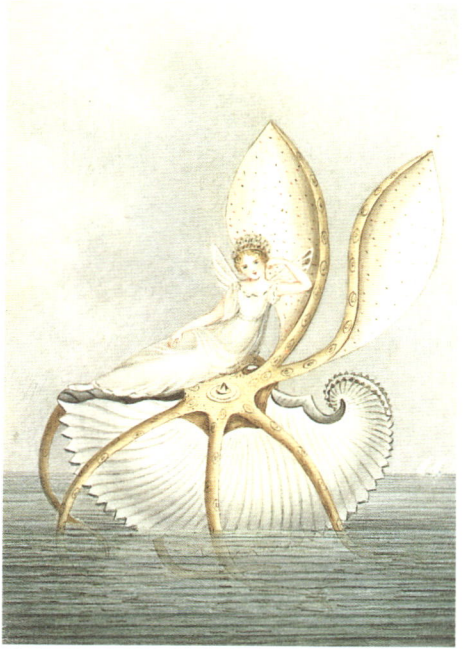

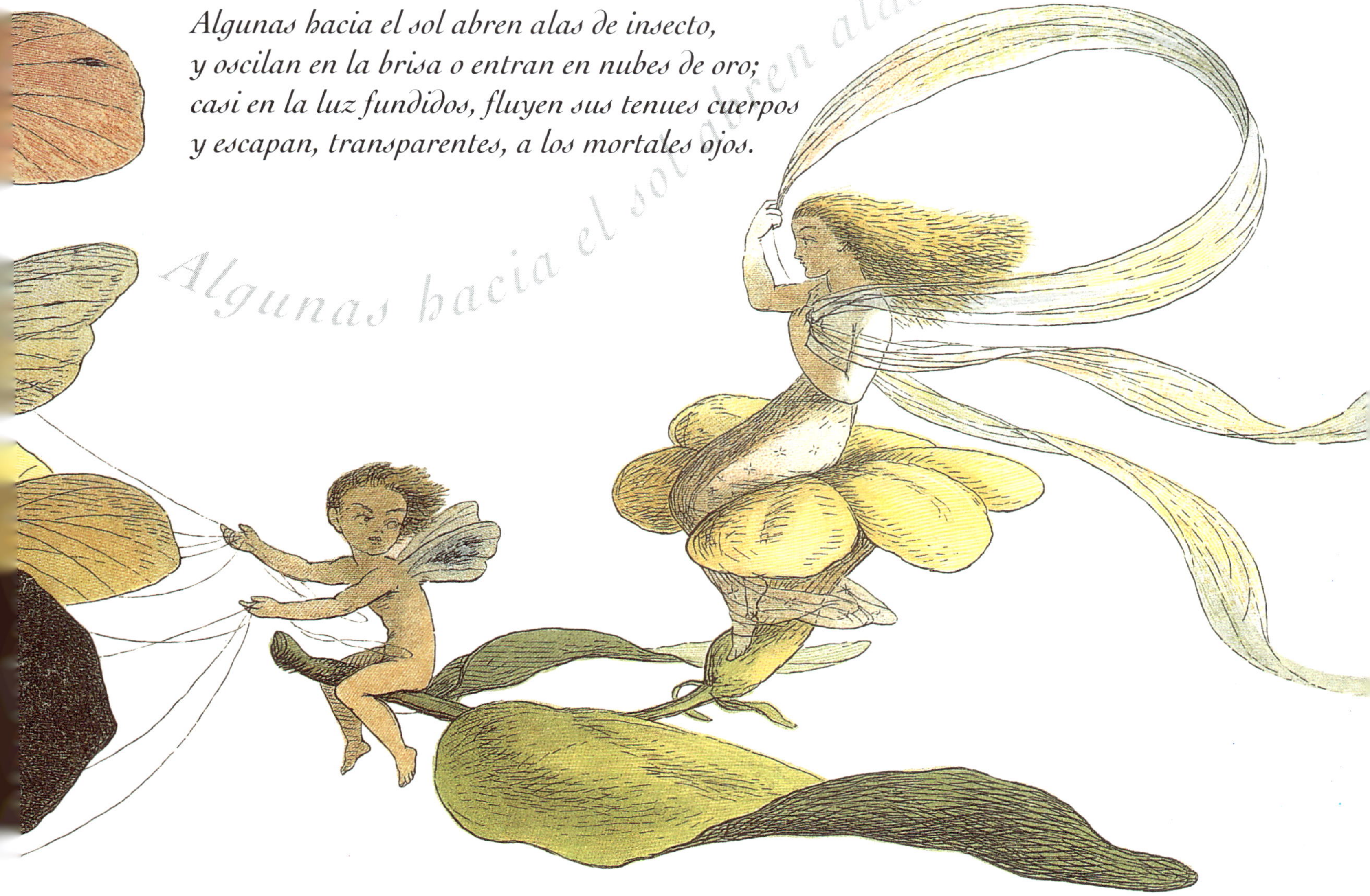

VUELOS de FANTASÍA

LAS HADAS de las leyendas folclóricas utilizaban conjuros mágicos para alzarse del suelo y volar en cumplimiento de sus designios. La ocurrencia de dotarlas de alas fue muy posterior.

Tradicionalmente, las hadas saltaban a bordo de tallos de zuzones o de manojos de hierba adaptados a sus necesidades y los pilotaban como las brujas sus escobas. No obstante, debían de pronunciar las palabras mágicas apropiadas para que sus vehículos alzaran el vuelo.

El imprudente señor de Duffus, en Escocia, lanzó sobre sí mismo un conjuro que lo embarcó en un vuelo de embarazosas consecuencias personales, según cuenta sir Walter Scott en *Minstrelsy of the Scottish Border* (Juglaría de la frontera escocesa). Apenas pronunciadas las palabras mágicas, «se vio arrebatado a los aires y rodeado por un enjambre de hadas y elfos que lo arrastraron a las bodegas del rey de Francia. El hidalgo pasó la noche bebiendo en animada confraternización con sus sobrenaturales compañeros, que acabaron marchándose y dejándolo dormido. Al día siguiente, el despensero real lo encontró todavía inconsciente y sosteniendo en las manos una copa de la más extraordinaria factura». Temiéndose lo peor, el señor de Duffus fue llevado a presencia del rey. Por fortuna, el monarca creyó su inverosímil justificación y, haciendo gala de extraordinaria generosidad, le permitió volver a casa llevándose la copa encantada.

Calarse uno de los gorros blancos de las hadas era otro de los sistemas tradicionales para levantarse por los aires. En *The Folk-Lore of Herefordshire* (El folclor de Herefordshire) de E. M. Leather, un muchacho que se ha quedado dormido en el bosque después de perderse despierta a medianoche y ve a las hadas saltar de sus lechos, ponerse pequeños sombreros blancos y emprender el vuelo. El chico coge uno de los gorros y, en un visto y no visto, se alza del suelo y viaja por los aires hasta un corro de hadas que bailan frente a la puerta de una choza.

A continuación, el muchacho vuela en compañía de las diminutas damiselas hasta la mansión de un caballero, donde causa su propia ruina al beber más

Al final de la cosecha, en la noche de Halloween,
cuando los buenos vecinos, si los libros no mienten,
vuelan sobre vilanos o sobre briznas de hierba
y trotan en tropel surgiendo del ocaso,
el rey de las hadas y su corte, con la reina de los elfos,
y muchos ricos íncubos, salieron a recorrer la noche.

vino de la cuenta y quedarse dormido en lugar de volver a casa con sus compañeras. Encolerizado, el caballero se empecina en hacerlo colgar por ladrón. Las cosas no pueden presentar peor aspecto; pero al sonar las once, cuando el muchacho se enfrenta a una muerte cierta en el cadalso, un hada interviene para salvarlo. Le encasqueta un gorro blanco y el chico se aleja volando hacia su salvación.

Si buscas el camino que conduce
    al país de las hadas, sabe que
es bien fácil: espera a que, amarilla,
    sobre el cárdeno mar se alce la luna
y un sendero de plata haga rielar.
    En una noche así, si algún poder
maligno no lo impide, si el conjuro
    conoces y la brisa es favorable,
sube a un vilano, que sobre el reguero
    de luz a ese país te llevará.

ERNEST THOMPSON SETON, «EL CAMINO AL PAÍS DE LAS
HADAS»

ENCANTAMIENTOS BESTIALES

LAS HADAS, a semejanza de los seres humanos, tenían sus propios animales domésticos. De hecho, algunos animales eran considerados miembros de la raza de las hadas.

La superstición popular atribuía a los gatos una naturaleza mágica de índole maligna, aunque en *Ancient Legends, Mystic Charms and Supertitions of Ireland* (Antiguas leyendas, encantamientos místicos y supersticiones de Irlanda), publicado en 1887, lady Wilde recoge la historia de una gata encantada de carácter más afable. Una anciana que se había quedado a tejer por la noche oyó unos golpes en la puerta de su casita. Al abrirla, se deslizaron al interior una gata negra y dos gatitas blancas, que se acomodaron junto al hogar. La gata aconsejó a la anciana que dejara la labor y se acostara, porque su presencia impedía que las hadas se manifestaran y pudieran divertirse. «Si no es por mí y por mis hijas, ahora estarías muerta», aseguró la gata a la anciana, que se había salvado gracias a su bondadoso comportamiento con los tres felinos.

También había perros encantados. A diferencia de los demoníacos, como el perro de Mauthe, que pertenecían al mundo de las hadas por derecho propio y solían ser negros, se trataba de animales generalmente blancos y con orejas rojas. En un cuento del condado de Somerset, se describía a un par de estos perros de orejas rojas como mayores que los mastines irlandeses, aunque de apariencia muy similar. En la isla de Man también se avistaban sabuesos encantados: «Un perrito blanco con alguna mancha roja en la cabeza solía anunciar la llegada de las hadas, especialmente cuando querían entrar en una casa para protegerse del frío de las noches invernales», escribió W. W. Gill en *A Second Manx Scrapbook* (Segundo álbum de recortes de la isla de Man).

Los caballos encantados eran animales bellísimos. Como en los casos anteriores, su peculiar color los distinguía de sus congéneres corrientes. En la balada escocesa «El joven Tam Lin», Jenny, la enamorada del protagonista, consigue rescatarlo de las hadas gracias a que sólo él monta a lomos de «un corcel blanco como la leche». Al explicar a su novia cómo había de proceder para librarlo del hechizo cuando las hadas salieran a cabalgar, Tam Lin dice:

Dejad, señora, que pasen
los castaños y los negros,
y al blanco como la leche
corred, y bajadme al suelo.

Naturalmente, las hadas podían transformar a los humanos en animales lanzándoles un encantamiento. En una escena memorable de *El sueño de una noche de verano*, Puck convierte en asno al tejedor Fondón. «¡Oh, monstruosidad! ¡Oh, cosa extraordinaria! Estamos embrujados. ¡Recemos, señores! ¡Huyamos, señores! ¡Socorro!», exclaman aterrorizados sus compañeros cuando Fondón asoma su cabeza de borrico.

Uno de los personajes característicos de los cuentos de hadas es el hermoso príncipe transformado en animal despreciable. En *La Bella y la Bestia*, la inicial repugnancia de la protagonista se transforma en amor cuando conoce a fondo al desgraciado príncipe, hasta el punto de confesarle que no podría vivir sin él.

ENTRA el REY

EL REY de las hadas más famoso es Oberón. Al llamar así al diminuto monarca de *El sueño de una noche de verano*, Shakespeare seguía una tradición bien asentada, aunque en los primeros tiempos del Renacimiento Auberon o Oberycom eran nombres igualmente populares.

Oberón era el rey de las hadas en *Huon de Bordeaux* (Huon de Burdeos), novela de caballería en prosa escrita en Francia en el siglo XV y traducida al inglés en 1548 por lord Berners. Por primera vez en una obra de este tipo, el rey de las hadas era un personaje de tamaño reducido. La descripción de Oberón le atribuye la estatura de un niño de tres años debido a la maldición que le había lanzado un hada malvada el día de su bautizo. Aunque al comienzo de la narración se le teme como si fuera un demonio, acaba demostrando ser un soberano benévolo y virtuoso.

Al empequeñecerlo en *El sueño de una noche de verano*, Shakespeare abundaba en la idea de un reino de las hadas en miniatura. Su monarca es un espíritu poderoso, pero esencialmente benigno. Interviene en la acción dramática para resolver las desavenencias de los enamorados y acompaña a Titania para bendecir el lecho nupcial de Teseo. A diferencia de sus temibles antepasados folclóricos, no es una criatura de la noche. Aunque prefiere retirarse a sus aposentos antes del amanecer, se jacta de su capacidad para soportar el sol.

Tradicionalmente, el primer canto del gallo era la señal para la desbandada general de las hadas.

El país de las hadas de *El sueño* capturó la imaginación de un grupo de poetas ingleses de la primera mitad del siglo XVII y dio origen a un auténtico culto de la miniatura. Uno de los poemas de hadas más famosos de la época fue *Nymphidia, the Court of Fayrie* (Ninfidia, la corte de las hadas) de Michael Drayton. Aunque también llamó Oberón a su rey, prefirió darle a Mab por consorte en lugar de a Titania.

A diferencia del poderoso soberano de Shakespeare, el Oberón de Drayton es víctima de la magia en lugar de dominarla. Personaje mucho menos digno, ve drásticamente reducidos sus poderes y, dado que es incapaz de volar, se ve forzado a trasladarse a lomos de insectos.

En «El banquete de Oberón» de Robert Herrick, se proporciona al lector una caprichosa enumeración de las variadas exquisiteces con que se regala el minúsculo rey de las hadas:

Los cuernos de sutiles mariposas
le sirven de alimento, y de bebida,
lo que llamamos baba de cuclillo.

Cuando se ha atiborrado a placer, el canijo monarca se reúne con la reina Mab en la cámara conyugal, que describe el no menos minucioso poema de Herrick «El palacio de Oberón». Las colgaduras del lecho son mudas de serpiente adornadas con los ojos de la cola de un pavo real, y la estancia recibe iluminación de unas luciérnagas que reflejan sus destellos en escamas de pez.

En la mayoría de las pinturas de la época victoriana, el rey Oberón aparece representado como un Apolo en miniatura, mientras que en los escenarios el personaje solía ser interpretado por una actriz, pues prevalecía la idea de que una mujer tenía más posibilidades de parecer etérea.

La actitud hacia el mundo de las hadas cambió a comienzos del siglo XX. Oberón desapareció casi por completo de la literatura inglesa de hadas hasta que el escritor Rudyard Kipling decidió recuperar las tenebrosas creencias antiguas en *Puck of Pook's Hill*, cuyo sir Huon recuerda poderosamente a Oberón.

Llevaba un cinturón de hojas de mirto
trenzadas con primor, muy bien sujetas
con prímulas a guisa de tachones
y franjas de amarillas margaritas;

del cinto le colgaba una corneta
de ecos parlanchines bien repleta,
que apenas a sus labios la llevaba
hacía aparecer todas las hadas.

SIR SIMEON STEWARD, FRAGMENTO DE «LOS ARREOS DE OBERÓN»

Coged rocío bendito
y poneos en camino;
de común acuerdo, hadas,
repartíos por las cámaras
y así el palacio colmad
de amor y felicidad;
que doquier reine la dicha
y su dueño alegre viva.
    Id ahora
    sin demora,
y regresad con la aurora.

DEL PARLAMENTO FINAL DE OBERÓN
EN *EL SUEÑO DE UNA NOCHE DE VERANO*

Su capa era de fino terciopelo,
su falda era de seda verde hierba,
cincuenta cascabeles de oro y plata
colgaban de las crines de su yegua.

La REINA de la CORTE

EN SUS orígenes, los cuentos de hadas circulaban de boca en boca. Muchos de los más antiguos se han conservado en forma de baladas. La antigua balada «Tomás el Bardo» cuenta que la reina de los elfos se enamoró de Tomás y lo llevó consigo a su reino encantado, donde lo retuvo durante siete años. La reina es descrita como una soberana hermosa y dominante.

En la balada escocesa «El joven Tam Lin», la reina de las hadas sale a cabalgar de noche acompañada por tres séquitos distintos, el principal de los cuales está compuesto por damas y caballeros vestidos de verde.

En las leyendas irlandesas hay una gran tradición de reyes y reinas de las hadas. La creencia popular consideraba a los Daoine Sidhe, el pueblo de las hadas y los elfos de Irlanda, descendientes de las diosas y dioses de la antigua religión. Formaban sus propias cortes y disfrutaban de los aristocráticos entretenimientos propios de la caballería medieval: la caza, la equitación, la música y el baile. Una de las reinas de las hadas más poderosas de Irlanda era Onagh, que al parecer gobernaba sobre todas las hadas de la isla con la ayuda de Cleena, reina tributaria de la región de Munster, y de sus dos virreinas, Evin, en el norte, y Ainé, en el sur.

La idea de una reina de las hadas seductora, cortesana y tan poderosa como las mencionadas ha perdurado en la imaginación popular junto con la de otra soberana más rústica procedente de la tradición folclórica. La evocación más poderosa de una reina de las hadas refinada es la Titania de *El sueño de una noche de verano* de Shakespeare, que la describe como una especie de diosa mitológica. No en vano la triple diosa Diana era considerada una hechicera en su manifestación como Hécate, debido en parte a su asociación con las hadas de la tradición folclórica.

En *The Faerie Queene* (La reina de las hadas), poema alegórico de Edmund Spenser publicado en 1590, se exaltan las virtudes de Isabel I personificada en Gloriana, reina de las hadas. A pesar del apelativo, en la narración no existen lazos evidentes con el país de las hadas. Sin embargo, muchos opinan que también Shakespeare modeló a Titania inspirándose en la reina Isabel, a la que, por otro lado, los poetas contemporáneos solían representar como soberana de la luna. Diana era diosa de la luna, lo que refuerza la asociación de la reina virgen con Titania.

Resulta significativo que Shakespeare bautizara a su reina de las hadas con un nombre tan poco habitual como estrechamente relacionado con la mitología clásica. Al parecer se inspiró en *Las metamorfosis* del poeta latino Ovidio, obra con la que *El sueño* coincide en varios aspectos. En la reelaboración ovidiana del mito de Diana y Acteón, la diosa, rodeada por un séquito de ninfas, recibe el nombre de Titania en una ocasión; por otro lado, la acción se desarrolla en una arboleda y Acteón se transforma en venado.

En sus versiones pictóricas de *El sueño de una noche de verano*, artistas como Heinrich Füssli y sir Joseph Noel Paton representaron a la reina de las hadas rodeada por una amplia corte. Mientras que tanto la imperiosa soberana de Füssli como sus súbditos están emparentados con los temibles espíritus de la naturaleza, los cuadros posteriores de Paton muestran una corte mucho más fantástica y decorativa en torno a una reina mucho más lánguida.

La reina del jardín de infancia

A medida que avanzaba el siglo XIX, la imagen popular de los soberanos de las hadas se hacía cada vez más sentimental. La noción contemporánea de los elfos como niños y de las hadas como niñas se debe en gran medida al artista victoriano Richard «Dicky» Doyle, que introdujo un elemento de amor y comportamiento infantiles en sus cuadros de género.

Una VENUS de BOLSILLO

EL PERSONAJE de la pérfida hechicera que embelesa a los hombres sirvió de inspiración a innumerables baladas y relatos antiguos y caló profundamente en el imaginario colectivo. En el poema narrativo inglés del siglo XIV *Sir Gawain and the Green Knight* (Sir Gawain y el Caballero Verde), la hermosa y casquivana hada Morgana se cuela en la cama de Gawain y trata de convencerlo para que le haga el amor:

Con ligero atavío llegó y, ante mis ojos,
el flojo camisón se soltó de los hombros;
me estrechó entre sus brazos torneados y largos
y uniendo con los míos sus delicados labios
susurró suavemente: «Amor, ¿qué te parezco?».
No fue un sueño, a la fe, que yacía despierto.

La gazmoñería victoriana proscribió casi por completo el desnudo artístico. Sin embargo, el prestigio del arte clásico implicaba que en las escenas mitológicas era casi de rigor retratar a personajes desnudos. Tan contradictoria actitud persistió en algunos ámbitos hasta finales del siglo XIX.

Heinrich Füssli fue uno de los primeros artistas en comprender el enorme potencial visual de las supersticiones folclóricas. Sus cuadros de finales del siglo XVIII inspirados en *El sueño de una noche de verano* retratan a Titania como una Venus voluptuosa y a Oberón como su Apolo. El cambio de actitud respecto a la mujer se refleja en la evolución de la imagen de Titania a lo largo de la época victoriana. Resulta evidente el proceso de acentuación de la inocencia femenina y la canalización de los aspectos negativos hacia los duendes que constituían la corte de las hadas y representaban el principio masculino.

A medida que avanzaba el siglo XIX, se produjo una reacción contra las varoniles hadas de Füssli, que sin duda eran quienes esgrimían la varita mágica en su país de las hadas. A juicio de Richard y Samuel Redgrave, autores de *A Century of Painters of the English School* (Un siglo de pintores de la escuela inglesa), las mujeres de Füssli eran «demasiado masculinas, absolutamente vulgares y repulsivas en no pocas ocasiones».

Los artistas posteriores desarrollaron la idea de la reina de las hadas como Venus contemporánea hasta un punto en que, rodeada de una aureola mística, como en los cuadros de sir Joseph Noel Paton, Richard Dadd y John Simmons, adquirió tintes poco menos que sacrosantos. La reina de las hadas con aspecto de Virgen hizo acto de presencia en *Desciende a estas doradas arenas* de Dadd, donde la soberana y su séquito se asemejan a un grupo religioso que preside la danza de las hadas desde una roca en forma de hornacina.

Semejante imaginería subsiste en los cuadros de Paton, aunque con mayor énfasis en lo erótico. Sus Titanias adoptan la apariencia de voluptuosas *madonnas*, interesante evolución a la luz de su posterior conversión en pintor de temas religiosos.

La candidez vestimentaria de las hadas dio pie a un discreto erotismo. La curiosa mezcla de carnalidad e inmaterialidad quedó reflejada de forma subyugante en una serie de cuadros pintados por John Simmons en los años sesenta y setenta del siglo XIX y dedicados a Titania, en los que conviven una ingenuidad infantil y una completa apreciación adulta de los encantos del cuerpo femenino.

Envuelta en una pizca de gasa transparente, la curvilínea reina de las hadas de Simmons flota sobre el paisaje como una criatura de ensueño narcisista. Un concepto más pasivo de la femineidad halló extravagante expresión en la minúscula odalisca repantigada. El tema, que obtuvo el favor del público, se abordó a menudo de manera abiertamente erótica, como en las muchas escenas que presentaban a Titania dormida y rodeada de un grupo de *voyeurs* constituido por Oberón y sus diminutos caballeros. Tales mezclas de candor y calculado erotismo creaban una incómoda ambigüedad sexual rayana no pocas veces en una discreta pornografía.

En este bosquecillo resígnate a quedarte
y, a gusto o a disgusto, disponte a ser mi amante.
Soy espíritu regio de rara condición
y prospera mi corte en la ardiente estación.
Puesto que así te amo, no quieras tú partir;
tendrás a tu servicio a mis hadas, que por ti
buscarán raras joyas en el fondo del mar
y entre mullidas flores tu sueño arrullarán.
Yo purgaré tu cuerpo de humana pesadez
y el poder de un espíritu del aire te daré.

WILLIAM SHAKESPEARE, *El sueño de una noche de verano*

La REINA CAMPESINA

MAB ERA la reina de las hadas predilecta en la literatura inglesa de los siglos XVI y XVII. Mucho menos majestuosa que la cortés Titania de *El sueño de una noche de verano*, procedía directamente de las supersticiones campesinas.

Algunos folcloristas opinan que Mab descendía de Habundia, una diosa mitad hada, mitad bruja de la Alta Edad Media. Habundia era un espíritu maternal al que se agasajaba con alimentos en las casas que se creía que frecuentaba, deferencia similar a la recibida por las antiguas hadas francesas que presidían los partos.

Mab es probablemente una variación de *maban*, palabra galesa que significa «recién nacido», lo que confirmaría el carácter maternal del personaje y explicaría la estrecha conexión con los partos que le atribuía la superstición. Shakespeare la llama «comadrona de las hadas» en *Romeo y Julieta*. Mab era un hada popular en Warwickshire, el condado nativo del dramaturgo, cuyos habitantes afirmaban que los mortales a los que las hadas hacían perder el camino habían sido «burlados por Mab».

Según otros expertos, Mab descendería de la aguerrida Maeve, a quien la creencia popular consideraba reina de las hadas irlandesas. En un antiguo cuento se la llama «Maeve, reina de Sidhe», el montañoso país de las hadas irlandesas. Es probable que Mab obtuviera la consideración de reina de las hadas gracias a su parentesco con Maeve. Sin embargo, también es posible que el apelativo *queen* («reina») conservara en su caso el significado de *quen* («mujer») en inglés antiguo.

Tal como aparece en *Romeo y Julieta*, el personaje de la reina Mab es muy distinto al de Titania en *El sueño de una noche de verano*, si bien continúa por el camino de la miniaturización. A pesar de ello, Mab conserva la capacidad de sobrecoger los corazones mortales con el mismo temor que inspiraban las hadas del antiguo folclor. Como «hada de las pesadillas» provoca sueños desagradables allí donde pasa «cabalgando noche tras noche». La Mab de Shakespeare infunde miedo incluso en su papel de hada partera. La reina de las hadas:

...es la bruja que sobre las doncellas
pesa de noche y a parir enseña.

En *Entertainment at Althorpe* (Festejo en Althorpe), el dramaturgo Ben Jonson describe a Mab en términos que la asemejan a Puck. Es:

...el duende femenino,
que roba la manteca
y espesa o corta la nata
de noche, según le cuadra.

En *Nymphidia*, de Michael Drayton, Mab es reina de las hadas y esposa de Oberón, pero ambos quedan reducidos en esencia a personajes cómicos del tamaño de insectos. En su minúsculo reino, el caliz de una prímula no sirve de refugio para una sola hada, sino que basta como salón del trono de la reina.

La tradición folclórica de las hadas recibió un tratamiento por extenso en el poema «L'Allegro» de John Milton, en el que un grupo de campesinos cuenta historias alrededor del fuego. Milton recoge una versión local del cuento «Cómo se comió la cuajada Mab» y vincula a la reina de las hadas con los duendes domésticos, a los que se consideraba protectores del hogar, aunque sumamente quisquillosos.

TRASGOS y DUENDES

MUCHOS CUENTOS folclóricos presentan a hadas y elfos haciendo, o entorpeciendo, las labores del hogar. El espíritu doméstico más popular en Gran Bretaña recibía el nombre de *brownie* en Escocia y buena parte de Inglaterra, *bwca* en Gales y *pixie* en los condados del sudoeste. Puck y Robín Buenazo, dos de los famosos, pertenecen al grupo de los *brownies*, que engloba a muchos otros con diferentes nombres según la zona del país de la que proceden.

La asociación de determinados duendes con la casa y el fuego del hogar se remonta a épocas muy antiguas. Los romanos adoraban a los lares y penates, divinidades secundarias que presidían la vida doméstica y protegían las casas, y a las que se ofrecían alimentos y vino en las festividades familiares para congraciarse con ellas.

Los *brownies* tenían características semejantes. Según la superstición popular, tomaban bajo su protección la casa en que vivían y acababan durante la noche las tareas que sus moradores humanos dejaban a medias. Sin embargo, a diferencia de los dioses domésticos romanos, no estaban ligados a un domicilio concreto. Además, eran más impredecibles en la concesión de sus favores. Si una casa les desagradaba, se mudaban a otra sin contemplaciones. Muchos cuentos hacen hincapié en la susceptibilidad de estos duendes que, una vez enfadados, podían reaccionar de forma realmente desagradable.

Según las leyendas, la mayoría de los hogares escoceses contaba con su duende tutelar. «Hace unos cuarenta o cincuenta años —escribía el cronista John Brand en 1703—, casi todas las familias tenían un *brownie*, espíritu burlón que servía a sus miembros, y al que ofrecían sacrificios en recompensa por sus favores.»

Entre los *brownies* más famosos al servicio de las grandes familias escocesas estaba el duende conocido simplemente como «el pequeño ser», vinculado a los McKay de Kintyre, que acompañó al jefe del clan durante la Guerra de la Independencia española y

desvió todas las balas francesas dirigidas contra su señor. La relación del *brownie* titular del Doune de Rothiemurchus con su patrón no era tan idílica. Si hemos de dar crédito a lo que cuenta sir Walter Scott en *Minstrelsy of the Scottish Border*, el pobre duende tuvo que mudarse de casa porque su amo no soportaba el estrépito que producía el sobrenatural fámulo mientras fregoteaba las ollas y las sartenes.

Los *brownies* primitivos eran tan altos como los seres humanos, o incluso más, pero a medida que se debilitó la creencia en ellos fueron disminuyendo de tamaño. Eran extraordinariamente fuertes —uno de ellos tenía fama de trillar tanto trigo en una noche como veinte hombres robustos— y ofrecían un aspecto terrorífico. Según parece debían su nombre a la enmarañada pelambrera castaña que les cubría todo el cuerpo. Sus manos y pies podían carecer de dedos separados o consistir en largas garras curvas.

Era costumbre dejar alimentos y bebida antes de acostarse para tener contento al *brownie* de la casa. Al referirse a tal costumbre en *Folk-Lore of the Northern Counties* (Folclor de los condados septentrionales), William Henderson escribió: «Sin embargo, se le conceden caprichos menudos, el principal de los cuales consiste en agasajarlo con hojuelas de harina recién molida tostada en las ascuas y cubierta luego de miel». En algunos puntos de Escocia se vertía leche recién ordeñada en oquedades naturales conocidas como «piedras de los *brownies*».

El *brownie* más famoso de Inglaterra durante los siglos XVI y XVII era Robín Buenazo. En la literatura de la época, sus ajetreos nocturnos solían tener connotaciones sexuales. En *El sueño de una noche de verano*, el Puck de Shakespeare recibe alternativamente el nombre de Robín Buenazo y realiza tareas domésticas que son metáforas del acto sexual. «¿Acaso no eres tú —le pregunta un hada en la comedia— quien hace vano el batir de la jadeante ama de casa?» La naturaleza fálica de los *brownies* quedaba subrayada por su desnudez. De acuerdo con la tradición, regalar ropa a cualquiera de estos duendes equivalía a echarlo de casa.

Meg *la Pelos*

Por regla general, los brownies *eran varones, aunque había excepciones. Una de las más famosas de las leyendas escocesas era Meg Mollach, a la que se asociaba con los Grant de Tullochgorm. Estaba casada con «el* brownie *cateto» y al parecer debía su nombre a la abundante mata de pelo que poblaba su cabeza.*

Meg tenía fama de poseer el don de profecía y la capacidad de cambiar de forma. Cuando servía la mesa daba la impresión de flotar por los aires cada vez que le pedían algún plato. Atendía varias casas a la vez. En una de ellas, aceptó prestar sus servicios sólo si los dueños conservaban a los criados mortales. Cuando, faltando a su palabra, el cabeza de familia decidió prescindir de ellos, Meg lo atormentó de tal modo que se vio obligado a readmitirlos.

TRAPISONDISTAS

S I EL *brownie*, o *bobgoblin*, era considerado una criatura útil aunque sumamente chinchorrera, el *goblin* y su abundante parentela eran malvados demonios.

Goblin* se convirtió en un nombre general que abarcaba diversos espíritus temibles y peligrosos que disfrutaban atormentando al género humano. La tradición folclórica dividía el mundo de las hadas en dos órdenes antinómicos, la «corte espiritual» y la «corte infernal». Los miembros de la primera sentían buena disposición hacia los mortales, mientras que los súbditos de la segunda eran criaturas salidas del Averno.

La Iglesia medieval condenaba a unos y otros por considerarlos demonios. En el *Malleus maleficarum* (El martillo de las hechiceras), tratado de brujería escrito en el siglo XV por Enrique Institor y Jacobo Sprenger, inquisidores alemanes de la orden de los dominicos, se afirmaba que «la "buena gente", como los llaman las viejas, son brujas, o demonios que adoptan su forma». En los procesos por brujería que se celebraron en Escocia durante los siglos XVI y XVII, el trato con las hadas figura como frecuente motivo de condena.

Alison Peirson, mujer escocesa juzgada en 1688, confesó haber recibido la visita de las hadas, que la atormentaban con una especie de parálisis. Aseguró que las mismas criaturas se habían llevado a un primo suyo, que no obstante había regresado para advertirle que no se dejara atrapar en sus garras, pues podían usarla para pagar el tributo que debían al Infierno.

La poeta decimonónica Christina Rossetti describe un terrorífico ataque de semejantes engendros demoníacos en *Goblin Market* (El mercado de los

El rojo es peligro

El rojo es el color de la sangre, y muchos de los goblins más perversos se encuentran entre los más sedientos de sangre de los seres fantásticos. El Cabeza Roja escocés tiñó su gorro de rojo con sangre humana. Este personaje fue descrito por William Henderson en Folclore de los condados septentrionales, *publicado en 1879, como un anciano rechoncho dotado de garras como las águilas, grandes ojos de color rojo intenso, horrible pelo hasta los hombros y botas herradas, que lleva un pico en la mano.*

duendes). Dos hermanas sienten la tentación de probar el fruto prohibido de los *goblins*. Una sucumbe y está a punto de perder la vida. La otra los rechaza y consigue salvar a su hermana, aunque los demonios la dejan maltrecha.

El *bogy* o *bogy best*, emparentado con los *goblins*, era el mismo Satanás, aunque bajo tal denominación se conocía también a diversos duendes malvados de los que solían echar mano los adultos para hacer entrar en razón a los niños traviesos. *Rustic Speech and Folk-Lore* (Lenguaje rústico y folclor) de E. M. Wright nos proporciona una fórmula estándar de tan extendida práctica: «Si no paras de berrear, vendrá un *bogy* muy negro y se te llevará».

Los «*bogies* infantiles», como los llama la folclorista Katharine Briggs en su *Dictionary of Fairies* (Diccionario de las hadas), formaban todo un tropel de espeluznantes adefesios, entre los que se contaban personajes como Mumpoker («la vieja del atizador»), Rawhead-and-bloody-bones («Cabeza-descarnada-y-huesos-sangrientos»), Tankerabogus, Tom Dockin, Tom-Poker («Tom el del atizador»), Churnmilk Peg («Peg Manteca») y Awd Goggie.

Su capacidad para cambiar de forma los hacía todavía más peligrosos. Se decía que un *bogy* decapitado recorría las calles de Preston, en Lancashire; el escalofriante mamarracho, que hacía sonar sus cadenas al andar, acabó exorcizado en una iglesia de los alrededores. En Yorkshire, un *barguest* se manifestó sucesivamente en forma de hombre sin cabeza y envuelto en llamas, dama sin cabeza, gato blanco, conejo y perro negro.

Goblins por el estilo solían rondar los caminos solitarios y desorientar a los viajeros. Un *brag* de Lancashire siguió a un joven por la orilla del río Hodder. El campesino oía cómo aullaba, pero no

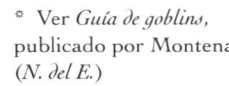

* Ver *Guía de goblins*, publicado por Montena (N. del E.)

conseguía verlo. De pronto, la criatura se materializó y sus terribles ojos relampaguearon con un fuego sobrenatural. Cuando el humano intentó golpearlo, sus brazos lo atravesaron como si fuera de aire. El encuentro atrajo la desgracia sobre el joven y su familia. Su mujer y su hijo murieron, y él perdió la razón.

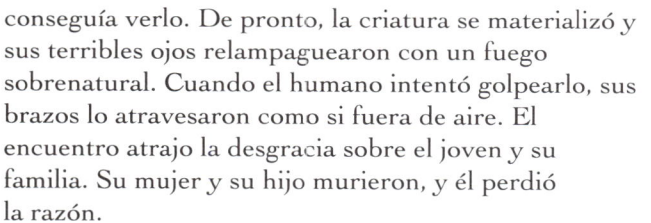

Aunque indefensa e inmóvil
en las zarpas de los goblins,
en vano fueron puñadas,
zarandeos, bofetadas,
en vano insultos y halagos,
la amenaza y el escarnio;
a pesar de los maltratos
Lizzie no exhaló una queja;
no hubiera abierto los labios
por más fuerza que le hicieran.

CHRISTINA ROSSETTI, «EL MERCADO DE LOS DUENDES»

TEJEDORAS y ZAPATEROS

LAS HADAS eran artesanas de reconocido prestigio. Las femeninas tenían reputación de ser excelentes hilanderas y tintoreras, mientras que el duende irlandés conocido como *leprechaun* era un consumado zapatero.

Los tintes mágicos se elaboraban con liquen, raíces y corteza de árbol, hojas y frutas. En las proximidades de Loch Lomond, en Escocia, existía un estanque encantado que, debido al peculiar tono verde de sus aguas, se consideraba una tintorería de las hadas. No obstante, cuando los vecinos mortales acudieron a investigar, las hadas decidieron huir con tal premura que su equipo quedó abandonado en el fondo del estanque, lo que explicaba su extraño color.

Los escoceses tenían un duende patrono de los tejedores llamado Habetrot. En el cuento «Los tres tejedores», recogido en *Folk-Lore of the Northern Counties* de William Henderson, Habetrot ayuda a una campesina tan bella como perezosa a casarse con el señor local tejiendo en lugar de la muchacha.

Por más que su madre la obligara a tejer, la joven no conseguía producir más que «unos metros de hilo nudoso y desigual». Un día se encontró con una anciana, que era en realidad el hábil tejedor Habetrot. La buena mujer se ofreció a tejer el lino de la chica y desapareció. Pero la muchacha la espió en un salón encantado que descubrió bajo tierra: «Vio una gran caverna, en la que había un grupo de viejas comadres de extraño aspecto ocupadas en tejer, cada una encima de un bloque de mármol blanco».

A la mañana siguiente, el señor de los contornos pasó a caballo cerca de la casita de la joven y quedó tan impresionado ante «la lisura e igualdad de las madejas» tejidas por las hadas que ofreció su mano a la muchacha de inmediato. Ella aceptó, aun comprendiendo que se vería en apuros, pues su prometido «no paraba de hablar del mucho hilo que su mujercita tejería cuando estuvieran casados». La joven pidió ayuda a Habetrot, que invitó a los novios a la cueva de las hadas. El caballero quiso saber el motivo de que todas las tejedoras tuvieran los labios tan largos y tartamudearan. Al responderle Habetrot que, en vista de lo mucho que le gustaba tejer, a su prometida le ocurriría tres cuartos de lo mismo en poco tiempo, el novio perdió todo su entusiasmo por el hilo fino y prohibió a la muchacha que volviera a tejer.

Algunas hadas preferían usar ruecas hechas por los humanos, por lo que se deslizaban al interior de las

Vaquerito, ¿qué has oído
junto a la verde colina?
¿Sólo al pájaro amarillo
que en el bochorno suspira:
¡chari, chari, chari, chi!?
¿A la cigarra y la abeja?
«¡Tip-tap, rip-rap,
tick-tack-tick!
Cuero escarlata cosido
para hacer calzado fino.
Coso a izquierda y a derecha,
y una bota ya está hecha.
En verano hace calor,
pero aquí abajo es invierno
y trabajo sin sudor.»
Pega bien la oreja al suelo,
¿no oyes diminutos ruidos,
triquitraque de martillos
y a un remendón que canta
mientras contento se afana?

WILLIAM ALLINGHAM, «EL ZAPATERO ENCANTADO»

Canción para tejer

Mientras ayudaban a una perezosa escocesa, las hadas hilanderas cantaban así:

Dadle, dadle, que dos manos
pequeñas poco adelantan.
Unas cardan, otras hilan,
otras tejen y apelmazan,
y entre todas el trabajo
en muy poco tiempo acaban.
Dadle, dadle, que dos manos
solas bien poco adelantan.

casas durante la noche para hilar. Los habitantes de la isla de Man se empeñaron en evitarlo, pero fracasaron las más veces, como muestra la siguiente historia de *Manx Fairy Tales* (Cuentos de hadas de la isla de Man) de Sophia Morrison: «En mitad de la noche mi hermano me despertó diciendo:

»—¡Chisss...! Escucha, hermano, y fíjate cuánta luz viene de la cocina.

»—¡Es verdad! —respondí—. Deben de ser los pequeños seres, que estarán haciendo girar la devanadera.

»Y los dos nos asustamos mucho. Por la mañana contamos lo ocurrido a nuestro padre.

»—Ay, ya lo creo que serían ellos —dijo mi padre mirando la devanadera—. Parece que vuestra madre se olvidó de quitar la correa anoche, cosa con la que hay que tener mucho cuidado, porque les da poder sobre la rueda».

Los *leprechaun* irlandeses tenían fama de excelentes zapateros. Por lo general se manifestaban en forma de pequeños ancianos y eran fáciles de descubrir debido al ruido de martilleo que producían.

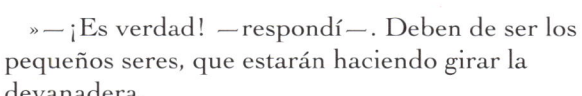

Los JUEGOS de las HADAS

DE ACUERDO con las leyendas, el país de las hadas es un lugar de perenne diversión cuyos habitantes entretienen sus ocios con actividades semejantes a las practicadas por los mortales.

En consonancia con su dignidad, las hadas más aristocráticas, como las de la Inglaterra medieval, la «corte espiritual» de Escocia y el Daoine Sidh de Irlanda, preferían esparcimientos cortesanos como la danza, la música, la caza y las cabalgatas solemnes.

Las presas favoritas de las hadas eran los ciervos encantados. En *The Fairy-Faith in Celtic Countries* (La creencia en las hadas en los países celtas), publicado en 1911, W. Y. Evans Wentz se hace eco de un testimonio ocular sobre una cacería de hadas en las proximidades del monte Ben Bulbin: «Conocí a un hombre que vio cazar a las hadas al otro lado de la montaña. Cierta noche, a eso de la una de la madrugada, se encontró con un grupo de sabuesos y jinetes que atravesaron el camino y saltaron un seto ante sus propios ojos. Al día siguiente, cuando volvió a pasar por el mismo sitio, fue incapaz de encontrar el menor rastro de los cazadores».

Aquellos cazadores encantados tenían el tamaño de seres humanos; sin embargo, a medida que las hadas se fueron haciendo más pequeñas y empezaron a desempeñar un papel cada vez más decorativo en el teatro, la poesía y los relatos, la envergadura de sus presas se redujo drásticamente. Las diminutas criaturas de Shakespeare tuvieron que renunciar a la caza mayor y ejercer sus habilidades venatorias en perjuicio de murciélagos y abejorros.

En el siglo XIX, los temibles cazadores de las leyendas folclóricas habían encogido extraordinariamente. El «caballero elfo» del poema de George Darley

«Silvia, o la reina de mayo» cabalgaba a lomos de un saltamontes armado hasta los dientes:

> Su punzante alabarda era silvestre avena,
> su espada tajadora, una brizna de hierba,
> su coraza, una hoja de brillante laurel,
> y corteza incrustada de coral, su broquel.

Al parecer, otra de las aficiones favoritas de las hadas eran los deportes de pelota, como el fútbol o el hockey irlandés. También les gustaba el ajedrez, y no pocas veces se enfrentaban a los humanos con apuestas de por medio. Las aristocráticas hadas del Daoine Sidhe irlandés eran ajedrecistas consumadas que solían retar a los mortales a campeonatos de tres

partidas en los que el ganador de cada una podía escoger un premio. Por lo general, en los relatos que dan cuenta de tales enfrentamientos, los humanos ganaban las dos primeras partidas y solicitaban premios valiosos; desgraciadamente, sus poderosas contrincantes ganaban casi siempre la tercera y obligaban al chasqueado mortal a llevar a cabo alguna tarea que solía tener consecuencias fatales.

Tan antisocial comportamiento era característico de las hadas, que disfrutaban llevando a los humanos por el camino de la amargura. El Puck de Shakespeare disfruta de lo lindo dejando en ridículo a los mortales, como cuenta henchido de orgullo en *El sueño de una noche de verano*:

> Yo soy un nocherniego espíritu burlón
> que hago las delicias del buen rey Oberón
> cuando robo un caballo bien cebado con grano
> imitando el relincho de la potra en el prado,
> o me cuelo en la jarra de una vieja arrugada
> tomando la apariencia de una manzana asada,
> y cuando ella a los labios se la lleva, de un salto
> la papada marchita de cerveza le empapo.

La MÚSICA de las HADAS

LAS HADAS adoraban la música y eran estupendas instrumentistas. No obstante, si se encaprichaban con la música de un mortal, no dudaban en secuestrarlo y llevárselo a su país encantado para que las entretuviera.

En otras ocasiones se comportaban de forma más generosa. En lugar de cautivar a los músicos humanos, acrecentaban sus dotes musicales. Los MacCrimmon, famosa familia de gaiteros escoceses, aseguraban que

debían su talento al regalo de un caramillo negro con que un hada había distinguido a uno de sus hijos pequeños.

La música de las hadas tenía un poderosísimo atractivo, hasta el punto de que ni siquiera los santos eran capaces de resistir a su embrujo. En *The Fairy-Faith in Celtic Countries*, Evans Wentz relata lo ocurrido a san Patricio cuando asistió a un improvisado recital de las hadas. El santo estaba sentado en la hierba de un promontorio en compañía de un rey irlandés y sus nobles cuando apareció ante ellos un joven cubierto con una capa verde que portaba una extraña arpa. El músico encantado «tocó y actuó como juglar para ellos hasta conseguir que cayeran en un profundo sueño. La música agradó tanto a san Patricio, que exclamó: "A fe que es excelente, a pesar del retintín a embrujo de las hadas que la estropea; si desapareciera, no habría nada tan semejante a la música celestial".».

En ocasiones, un músico mortal especialmente dotado podía aprovechar su talento para liberar a un cautivo de las hadas. En la antigua balada escocesa «El rey Orfeo», el héroe recupera a su prometida sirviéndose de una gaita soplada con tal maestría que las hadas consienten en liberar a la joven.

En *Stories and Folk-Lore of West Cornwall* (Relatos y tradiciones del oeste de Cornualles) de William Bottrell, una banda de contrabandistas sufre un

¡Hadas, despertad,
y suenen las músicas
vibrantes y puras
de arpas y gaitas
por las enramadas!
¡Entonad a una,
que el sol se levanta
y os quiere escuchar!

WILLIAM ALLINGHAM,
«UN BOSQUE EN EL PAÍS DE LAS HADAS»

desafortunado encuentro con unos músicos encantados. Una noche de verano, mientras dormitaban en la playa, los matuteros despertaron bruscamente a causa de «una algarabía de trinos producidos por cañas huecas. Además, se oía un cencerreo constante, como cuando las viejas hacen sonar platos de peltre o cacharros de cobre para espantar a las abejas».

Buscando el origen de tamaña trapatiesta, los traficantes descubrieron «a unos veinte viejecillos; muchos soplaban zampoñas; algunos entrechocaban címbalos o agitaban panderetas; otros hacían vibrar birimbaos o tañían flautas hechas de ramas de aliso o cañones de plumas». Pero al verse observados los minúsculos músicos perdieron la chaveta. Sustituyeron sus instrumentos por arcos y flechas, venablos y hondas, y echaron a correr en pos de los aterrorizados contrabandistas, que huyeron despavoridos por la playa y se arrojaron al mar.

La DANZA de las HADAS

Dos a dos y tres a tres antes del amanecer.

EL BAILE era uno de los pasatiempos favoritos de las hadas, como prueban los más antiguos testimonios escritos. En el cuento del siglo XII «Edric *el Salvaje*», Walter Map relata el primer encuentro del héroe con su futura esposa, hija de un hada, mientras la joven bailaba en una casa situada en el bosque de Clun. Según una versión más reciente de la misma historia, Edric «vio un grupo de nobles damas que danzaban. Eran extraordinariamente hermosas, más grandes y altas que las mujeres de la raza humana, e iban ataviadas con vestidos de lino de graciosas formas. Bailaban en círculo con movimientos acompasados y ágiles mientras susurraban una dulce canción cuya letra el cazador fue incapaz de descifrar. Entre ellas había una doncella que superaba en belleza a todas las demás, y al verla el corazón de nuestro héroe se inflamó de amor. Olvidando el temor a ser encantado, Edric se apresuró a dar la vuelta a la casa en busca de la puerta; cuando dio con ella, entró como una exhalación y arrancó del incesante corro a la joven hada objeto de su pasión. El resto de las bailarinas lo atacó con uñas y dientes, pero, ayudado por su paje, Edric consiguió escapar llevándose a su hermosa cautiva».

Las leyendas folclóricas y la literatura relativa a las hadas abundan en referencias a las danzas ejecutadas por estas criaturas. En el siglo XVII, una muchacha de

Bajo la luna jugamos,
pues la noche es nuestro día.
Coronadas de rocío,
ágiles como abejitas
bailamos las hadas niñas,
dos a dos y tres a tres,
antes del amanecer.

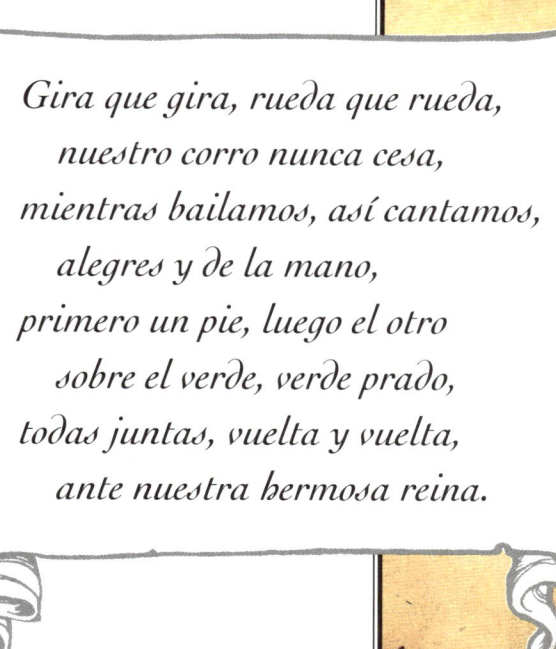

Gira que gira, rueda que rueda,
nuestro corro nunca cesa,
mientras bailamos, así cantamos,
alegres y de la mano,
primero un pie, luego el otro
sobre el verde, verde prado,
todas juntas, vuelta y vuelta,
ante nuestra hermosa reina.

Cornualles llamada Anne Jefferies provocó el asombro general al asegurar que había visitado el país de las hadas. En su descripción resuenan ecos del diminuto reino encantado concebido por Shakespeare, en el que el baile estaba a la orden del día: «Por todas partes se alzaban templos y palacios de oro y plata; los árboles estaban cubiertos de flores y frutos, los lagos bullían con peces dorados y plateados, y pájaros de brillantes colores cantaban por doquier. Cientos de personas ricamente vestidas paseaban por los jardines, bailaban, jugaban o descansaban bajo floridas glorietas».

Sin embargo, no todas las hadas bailarinas eran tan refinadas y garbosas. En Escocia, los melancólicos *trows* de las islas Shetland gustaban de practicar una danza un tanto estrafalaria. Se decía que «daban saltos en lugar de pasos al tiempo que agitaban los brazos.

Sus singulares evoluciones consistían en acuclillarse hasta juntar el mentón con las rodillas y ponerse a dar botes como gallinas desplumadas».

Un *trow* hembra que no consiguió encontrar pareja de baile se vio obligado a brincar a solas al ritmo de un desgarrador estribillo:

¡Ay, pobre de mí! ¡Ay, pobre!
¿Y quién bailará conmigo?
Si no encuentro a nadie, ¡ay, pobre!,
¿con quién voy a dar dos brincos?

El FESTÍN de las HADAS

el duende oficial de la casa. En recompensa, el *brownie* se esforzaba en colaborar en las tareas domésticas.

En «El banquete de Oberón», el poeta del siglo XVII Robert Herrick describe un fantástico convite que hubiera hecho las delicias de un vampiro. El ágape consistía en:

AUNQUE HABÍA diversas hipótesis sobre lo que comían las hadas, todo el mundo parecía estar de acuerdo en que necesitaban alimentarse. Sin embargo, cualquier mortal que probara sus manjares desaparecía en su país encantado para no volver.

Robert Kirk, autoridad del siglo XVII en el mundo de las hadas y autor de *The Secret Commonwealth of Elves, Fauns and Fairies*, opinaba que cada tipo de hada necesitaba un determinado tipo de alimentos. Kirk hacía notar que los cuerpos de las hadas eran «tan esponjosos, finos y secos, que para alimentarse les basta absorber determinados fluidos espirituosos, que las penetran como aire y aceite puros; otras se alimentan de forma más consistente, con la fibra o sustancia de los cereales y líquidos, o con el propio grano que aflora a la superficie de la tierra, que roban a veces sin que se note y otras perjudicando las cosechas, como los cuervos y ratones; motivo por el cual, incluso en nuestros días, se asegura que elaboran pan».

Kirk aseguraba que los *brownies* eran las criaturas con mejor apetito del país de las hadas, y las más aficionadas a hacer pan. Esta extendida creencia impulsaba a los campesinos a ofrecer un cuenco con nata y una torta recién horneada como presente para

El roto corazón de un ruiseñor
rebosante de música, y licor
no a la vid lisonjera arrebatado,
mas con tiento exprimido del costado
de la novia más dulce y más bonita,
y escanciado en endeble margarita
para Oberón, que apenas lo ha bebido
un calor en las venas ha sentido.

Se hallaba muy extendida la creencia según la cual las hadas privaban de su esencia vital a las plantas que les servían de alimento. Según una leyenda escocesa, uno de sus manjares favoritos era la raíz de argentina, que quedaba al descubierto al arar en primavera. Por este motivo se conocía popularmente a esta planta como «el séptimo pan». Las hadas bebían leche de cierva roja, cabra y vaca, a las que ordeñaban personalmente. En las Highlands occidentales se aseguraba que preferían celebrar sus convites cuando el sol asomaba entre la lluvia.

Huida afortunada

En el siglo XVII, una mujer de Cornualles llamada Anne Jefferies aseguró que, durante su cautiverio de seis meses en el país de las hadas, había compartido los alimentos de los elfos sin sufrir el menor daño. De vuelta al mundo de los mortales, «Tras rechazar la comida que le ofrecíamos —escribía Moses Pitt en una carta al obispo de Gloucester—, se dejó alimentar por las hadas desde la época de la cosecha hasta el día de Navidad de ese año».

«¡Que no os arranque un pelo! —se oyó en la madriguera.
Si os coge un solo pelo, ¿sabéis lo que os espera?
La jaula y su amargura —dijo el conejo—. ¡Entrad!
Nunca pasa el buhonero con esta oscuridad.»
Se hizo un silencio tenso en la negra espesura.
«¡Traigo un jarabe nuevo que el mal de amores cura,
campanas de los sueños, vino de hadas, sustentos
que todo el santo día os mantendrán contentos!»

WALTER DE LA MARE, «EL BUHONERO»

La CABALGATA de las HADAS

CUANDO LAS hadas salían a cabalgar de noche, el motivo solía ser dar una batida. El folclor abunda en referencias a su afición a cabalgar en procesión, y al miedo que el encuentro con tales cortejos infundía a los humanos, pues cuando las hadas salían de caza lo más lógico era que su presa fuera mortal.

Parece probable que la idea de la batida de las hadas derive de una creencia primitiva en la «caza salvaje», superstición ampliamente extendida según la cual el viento de las noches tormentosas era la manifestación de un ejército aéreo enardecido en persecución de sus presas. También se creía que la comitiva de las hadas era en realidad la hueste de los muertos.

Los corceles de las hadas podían cabalgar más deprisa que el viento. Según una leyenda de las Highlands escocesas, el hechicero Michael Scot montaba un caballo semejante cuando la ocasión lo exigía. Con anterioridad se había servido de una yegua encantada, que sin embargo sólo podía galopar a la misma velocidad que el viento. Más tarde consiguió un caballo capaz de viajar con la rapidez «del pensamiento de una doncella entre dos amantes». Cuando Michael llegó a Roma, el papa quedó asombrado al ver que aún tenía nieve de Escocia en el sombrero.

Los caballos que montaban los Tuatha de Danann, antiguos caballeros de la mitología irlandesa aficionados a las actividades cortesanas de la equitación y la caza, fueron vívidamente descritos por lady Wilde en *Ancient Legends, Mystic Charms and Superstitions of Ireland*: «La raza de caballos que criaban no tenía igual en el mundo: ligeros como el viento, de inclinada cerviz y amplio pecho, hocico inquieto y grandes ojos que mostraban su fogosa naturaleza. El cortejo de los Tuatha de Danann era un espectáculo espléndido. Siete veintenas de corceles, cada uno con una joya semejante a una estrella en la frente, y otros

tantos caballeros, todos hijos de reyes, vestidos con mantos verdes orlados de oro y cubiertos con yelmos dorados».

El corcel a cuyos lomos cabalga Tam Lin en la antigua balada escocesa que lleva su nombre es un eco de las fabulosas cabalgaduras de los Tuatha:

...más rápidos que el viento,
de plata son sus cascos delanteros,
de oro refulgente los de atrás.

Sin embargo, no todas las hadas podían permitirse el lujo de tener su propia montura. Numerosas referencias folclóricas nos las muestran tomando prestados caballos para sus correrías nocturnas. A la mañana siguiente, sus dueños descubrían a los nobles brutos cubiertos de espuma y completamente

Sorprendidos *in fraganti*

Contemplar la comitiva de las hadas se consideraba una falta grave, castigada casi siempre con la muerte. La gente sensata procuraba evitar las rutas favorecidas por las hadas para sus andanzas nocturnas, aunque algunos campesinos escoceses afirmaban que no era peligroso espiarlas siempre que se usara un repelente eficaz, como clavar una rama de serbal encima de la puerta de casa. No obstante, la creencia más extendida aseguraba que quien topara accidentalmente con el cortejo de las hadas sería hecho prisionero y aparecería muerto a la mañana siguiente.

…más rápidos que el viento,
de plata son sus caballos delanteros,
de oro refulgente los de atrás.

exhaustos, aunque según todas las apariencias habían permanecido en sus establos toda la noche. En la isla de Man, un encolerizado criador de caballos aseguraba haber perdido tres o cuatro de sus mejores animales, reventados tras desenfrenadas galopadas nocturnas.

Un cuento tradicional de Warwickshire refiere la suerte de dos ponis Shetland que pacían en las inmediaciones de un bosque encantado. Tras ser embrujados por las hadas, una mañana aparecieron en un estado lamentable, «agotados e irreconocibles». Más tarde se desvanecieron como por ensalmo, hasta el día en que, listados y cabalgados hasta el límite de sus fuerzas, acabaron reapareciendo en el bosque.

Los ENTIERROS de las HADAS

L A IDEA de que las hadas fueran criaturas mortales parece contradecir la creencia tradicional que las consideraba espíritus de la muerte. No obstante, en las leyendas folclóricas no escasean las alusiones a su mortalidad.

El autor del siglo XVII Robert Kirk creía a pies juntillas que, a semejanza de los humanos, estos seres encantados disponían de un lapso vital limitado. En *The Secret Commonwealth of Elves, Fauns and Fairies*, afirma lo siguiente: «Estas criaturas viven mucho más tiempo que nosotros; no obstante, acaban muriendo o, cuando menos, abandonan este mundo [...] Pasan, tras una larga vida libre de enfermedades, a un orbe o ámbito adecuado a su categoría, donde aguardan el día del Juicio Universal».

En determinadas circunstancias, un ser humano podía dar muerte a una criatura encantada. En la balada escocesa «Lady Isabel y el caballero elfo», la heroína consigue adormecer a su sobrenatural seductor mediante un hechizo y lo mata apuñalándolo. De forma similar, el regio protagonista del cuento de las Highlands occidentales «El joven rey de Easaidh Ruadh» acaba con Gruagach, un engendro tan malvado como peludo, atravesándolo con la espada de luz del hermano de su adversario.

La esperanza de vida de las hadas variaba ampliamente según los casos. Una leyenda escocesa relata la historia de un hada que adopta la apariencia de una esposa secuestrada y muere al cabo de un año, pues «un hada sólo puede vivir doce meses bajo forma humana».

Por el contrario, una leyenda galesa afirmaba que las hadas vivían siete años sobre la faz de la tierra, siete años en el aire y siete años en el mundo subterráneo.

sostenían mirtos en flor y adornaban sus cabezas con coronas de rosas minúsculas. Llegados junto al altar, ante el que se abría una pequeña tumba, inhumaron el cuerpo y arrojaron las flores al interior del sepulcro mientras se lamentaban a voz en cuello: "¡Ha muerto nuestra reina!".». En ese momento descubrieron al espía y, dándose a la fuga como un enjambre de abejas, pasaron a su lado «clavándole aguzados aguijones».

El poeta y pintor William Blake, que sentía fascinación por las leyendas folclóricas, pintó varias escenas protagonizadas por hadas. Afirmaba haberlas visto con sus propios ojos, y dejó constancia escrita del entierro de un hada que aseguraba haber presenciado: «Paseaba a solas por mi jardín; en las ramas y plantas reinaba una quietud extraordinaria, y el aire tenía una dulzura sobrenatural. De pronto percibí un sonido débil y agradable, cuya origen ignoraba. Al cabo de un instante vi agitarse la ancha hoja de una planta y, pasando bajo ella, una procesión de criaturas del tamaño y el color de saltamontes verdes y grises, que transportaban un cuerpo sobre un pétalo de rosa; lo enterraron entonando canciones y luego desaparecieron».

Un antiguo poema gaélico

afirmaba que las hadas atraviesan nueve edades «con nueve veces nueve períodos de tiempo en cada una»:

Nueve por nueve, mama que mama;
nueve por nueve, llora y gatea;
nueve por nueve, juega y corretea;
nueve por nueve, lista y graciosa;
nueve por nueve, sana y hermosa;
nueve por nueve, fuerte y triunfante;
nueve por nueve, con cofia y achaques;
nueve por nueve, barbicana y gris;
nueve por nueve, qué duro es morir;
qué duros y largos estos nueve nueves,
qué cortos los otros, ¡dos sin sentir.

Robert Hunt relata el entierro de una reina de las hadas en *Popular Romances of the West of England*. El sepelio se celebró en una iglesia, cosa sorprendente dado el pánico que Dios inspiraba a estas criaturas. Un anciano de Cornualles que regresaba tarde a casa oyó la campana de la iglesia de Lelant, en la que vio una ventana iluminada. Al mirar a su través, «descubrió una muchedumbre de pequeños seres que avanzaban por el centro de la nave tras un féretro sostenido en los hombros de seis de ellos. El cuerpo, descubierto y tan pequeño como una muñeca diminuta, era de una belleza cérea. Los asistentes

Titania se asegura de que su asnal amado no la abandone
lanzándole un poderoso hechizo:

En este bosquecillo resígnate a quedarte
y a gusto o a disgusto, disponte a ser mi amante.
Soy espíritu regio de rara condición
y prospera mi corte en la ardiente estación.
Y puesto que te quiero,
serás mi compañero.

WILLIAM SHAKESPEARE, *EL SUEÑO DE UNA NOCHE DE VERANO*

CONJUROS MÁGICOS

LAS LEYENDAS folclóricas rebosan de conjuros y encantamientos que otorgan poder sobre las hadas. Una de las estratagemas populares para burlar la persecución de las hadas consistía en poner agua de por medio, en la creencia de que los ríos y arroyos eran sagrados y mantenían a distancia a los malos espíritus. También resultaba efectivo llevar una cruz, sobre todo si estaba hecha de hierro, o pan y sal, por su carácter de símbolos sagrados.

En Inglaterra, una forma de precaverse contra las hadas era ponerse la ropa del revés. «Recuerdo perfectamente —cuenta el autor del siglo XVII John Denham en *The Denham Tracts* (Las disertaciones de Denham), recopiladas por James Hardy— que, siendo niño, en más de una ocasión me ponía el abrigo del revés cuando tenía que atravesar un bosque, para evitar a la buena gente.» Tal costumbre queda igualmente reflejada en este antiguo estribillo:

Vuélvete la capa,
que gustan las hadas
de cosas usadas.

Varios tratados de magia del siglo XVII contienen conjuros para convocar a las hadas, obtener su ayuda o hacerlas desaparecer. La siguiente fórmula, fechada alrededor de 1600, se describía como «una forma excelente de conseguir un hada». Las correspondientes instrucciones aconsejaban sumergir un cristal de siete centímetros de alto por siete de largo en la sangre de una gallina blanca durante tres miércoles y tres viernes consecutivos. Después había que lavarlo con agua bendita y sahumarlo. A continuación se pelaba la corteza de tres ramitas de avellano y se escribía tres veces en cada una de ellas el nombre del hada que se deseaba convocar. Las varitas se enterraban en una colina encantada un miércoles y se desenterraban a las ocho, tres o diez en punto. A la hora elegida, alguien de «vida limpia» podía llamar al hada con el rostro vuelto hacia el este. Cuando aparecía, debía ser vinculada al cristal encantado.

Tres siglos más tarde, Claire Nahmad proporcionaba otro hechizo para atraer a las hadas en *Fairy Spells* (Conjuros mágicos). Era imprescindible llevarlo a cabo en un jardín, con la ayuda de una gata negra y durante un atardecer en que pudiera verse la aurora boreal. Se empezaba por acariciar a la gata hasta que ronroneara satisfecha. Cuando el animal se estirara por primera vez, había que ungirle la cabeza con vino trazando la señal de la cruz, tras lo cual el oficiante repetía el gesto sobre sí mismo. A continuación, debía acariciarse tres veces el párpado izquierdo y otras tres el derecho con la cola del gato diciendo:

Elfos de la noche, encantad mi vista
para distinguiros de noche y de día.
Por este conjuro y por este signo,
ruego que cumpláis todos mis designios.

Conjurar a tres hadas

En el siglo XVII era posible obtener los servicios de un hada aplicándose sobre los ojos determinado ungüento, que debía prepararse en una casa que «las hadas doncellas frecuentaran». Al final del día se colocaba junto al hogar un cubo de agua clara, que se retiraba antes del amanecer. La espuma, semejante a «una capa blanca de leche sin hervir o grasa», que cubría la superficie se retiraba con una cuchara de plata y se echaba en un plato limpio. Una vez untada sobre los ojos, el interesado podría ver a «tres doncellas encantadas» al llegar la noche, pero sólo si se sentaba en una silla junto al hogar mirando hacia la mesa, en la que habría dispuesto «tres rebanadas finas de pan nuevo, tres cuchillos nuevos con mangos blancos y una copa nueva llena de cerveza nueva» colocados, ni que decir tiene, sobre un mantel nuevo. Era esencial hacer caso omiso de la primera hada, pues era maligna. En cambio, podían requerirse sin reparo los favores de la segunda o la tercera, con cualquiera de las cuales sería posible «cerrar un pacto sobre todo aquello que se desee» y de cuya ayuda se dispondría para siempre.

CUIDADO con los MUERTOS

LA IMAGINACIÓN popular ha asociado a las hadas con los muertos desde tiempos inmemoriales. El hecho de que el país de las hadas soliera localizarse bajo tierra lo ponía en estrecha relación con el Infierno y la morada de los muertos.

A finales del siglo XVII, Robert Kirk afirmaba que las hadas eran almas en pena de difuntos humanos. En *The Secret Commonwealth of Elves, Fauns and Faeries*, escribía lo siguiente: «También se asegura de esas criaturas que se mueven por las casas sin ser vistas y arrojan enormes piedras [...] que son almas incapaces de obtener descanso, debido a su vehemente deseo de hacer públicos un asesinato u ofensa grave cometidos o padecidos, o revelar el emplazamiento de un tesoro que ocultaron durante su vida en la tierra, y que cuando estos fantasmas comunican su secreto a algún brujo desaparecen para siempre».

Banshees

Muchas de las criaturas sobrenaturales de las leyendas folclóricas tenían reputación de mensajeros de la muerte. La tradición aseguraba que los *banshees* irlandeses anunciaban una muerte inminente. Las *Memoirs* (Memorias) de lady Fanshawe (1625-1676) contienen un testimonio de primera mano del encuentro de la autora con uno de estos seres mientras se alojaba en una aristocrática mansión irlandesa. La aparición de una mujer de «pelo rojo y rostro pálido y consumido» despertó a la escritora a la una de la mañana. «Me asusté tanto que se me erizaron los cabellos y las ropas de la cama cayeron al suelo», recuerda la dama.

A la mañana siguiente, lady Fanshawe se sintió aún más alarmada al comunicarle su anfitriona que un miembro de la familia había fallecido durante la noche y añadir que, siempre que tal desgracia había ocurrido a semejantes horas, la figura de una mujer se aparecía en la habitación de invitados. Para explicar el motivo, la señora de la casa contó a lady Fanshawe lo siguiente: «Hace muchos años, esa mujer quedó encinta del dueño de esta mansión, que la asesinó en el jardín y la arrojó al río que corre bajo la ventana de la habitación de los huéspedes». De forma harto comprensible, lady Fanshawe «se dispuso a partir de inmediato» y regresó a la seguridad de su propio hogar.

Fuegos fatuos

Las fosforescencias semejantes a llamitas que en ocasiones parecen flotar sobre los terrenos pantanosos, fenómeno natural producido por la combustión de los gases de plantas en estado de descomposición, podrían dar razón de las fantasmagóricas apariciones de Will-o'-the-wisp. Sin embargo, si hemos de prestar crédito a las leyendas folclóricas, los fuegos fatuos eran obra de las hadas. Tan funesta manifestación ha merecido todo un rosario de nombres tan pintorescos como Jacky Lantern («Jacky el del farol»), Friar Rush («la linterna del monje»), Kitty-candlestick («Kitty candelas»), Hinky Punk («El hombre de la mecha») y Spunkie («El hombre de la yesca»).

La creencia popular que consideraba a las hadas manifestaciones de seres humanos muertos persistió en Irlanda hasta entrado el siglo XX. En *The Faery-Faith in Celtic Countries*, W. Y. Evans Wentz relata la conversación que mantuvo con un campesino llamado John Graham: «A continuación pregunté a John a qué raza pertenece la "buena gente" y de dónde proceden, a lo que me contestó: "Las personas que murieron o fueron asesinadas durante la guerra permanecen en el mundo hasta que llega su hora, y conviven con la buena gente. En esta tierra las almas son tan abundantes como las briznas de hierba (y al decir esto sacudió un espeso matorral con el bastón), aunque no es posible verlas; y los malos espíritus son igual de abundantes, pero la gente no lo sabe... La buena gente puede verlo todo, y lo mejor es no buscarles las cosquillas. Viven en túmulos, donde construyen sus hogares. Siempre se ha creído que son espíritus, porque pueden adoptar distintas formas y tan pronto se muestran pequeños como grandes".».

También pertenecían a esta categoría los *pixies* de Cornualles, que según algunos eran las almas de las criaturas muertas sin bautizar. Se complacían en desorientar a los viajeros, como el siniestro Will-o'-the-wisp («Will el de la antorcha»), personificación del fuego de san Telmo, también conocido como «candela de los difuntos» cuando se le consideraba mensajero de la muerte.

SUEÑOS y PESADILLAS

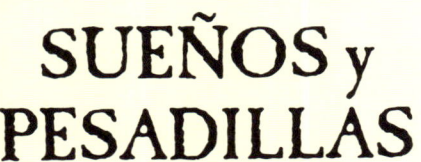

EL PAÍS DE LAS HADAS es el reino del inconsciente, un mundo de ensueño en el que todo es posible. «Los seres humanos no siempre podemos hacer lo que queremos, pero sí imaginar lo que nos plazca», afirmaba John Ruskin en un ensayo sobre el país de las hadas.

Tradicionalmente, la noche es el tiempo propio de las hadas. Temerosas de la luz, sus mágicas huestes se retiran al amanecer. Los mortales pueden recibir la visita de las hadas mientras duermen, o caer en un sueño inducido mediante encantamiento. Pueden penetrar temporalmente en el reino encantado durante el sueño o en el curso de un trance, o por tiempo indefinido en el «sueño» final de la muerte.

Los durmientes podían encontrarse a merced de las hadas con suma facilidad. Las leyendas folclóricas y la literatura fantástica están llenas de historias semejantes. Aquellos que cometían el error de dormirse sobre un túmulo encantado podían dar por seguro que acabarían en el país de las hadas. Se decía que estas criaturas habían embrujado al autor del siglo XVII Robert Kirk, que, tras caer en un sueño semejante a un trance, había desaparecido en el país de las hadas, como castigo por divulgar sus secretos en *The Secret Commonwealth of Elves, Fauns and Fairies*.

Un poema narrativo de la Edad Media relataba la historia del rey Orfeo y su esposa Meroudys, que un día se quedó dormida bajo un manzano injertado, árbol al que se atribuían propiedades mágicas, lo que facilitó su rapto por parte del rey de las hadas. Se le permitió regresar al mundo de los mortales, con la advertencia de que volvería a ser secuestrada la noche siguiente. Orfeo ordenó a sus soldados que formaran un círculo alrededor del árbol, pero la magia de las hadas resultó demasiado poderosa. La reina Meroudys se esfumó del centro del círculo. Hubieron de pasar diez años antes de que el rey Orfeo consiguiera rescatarla del país de las hadas.

La antigua creencia según la cual el alma abandona el cuerpo durante el sueño, como tras la muerte, para ir a reunirse con los difuntos es un motivo recurrente del folclor relacionado con las hadas. Un sastre irlandés entrevistado por W. Y. Evans Wentz para su libro *The Fairy-Faith in Celtic Countries* recordaba un sueño sobre una batalla de hadas que había «impresionado extraordinariamente» a su padre. A la mañana siguiente, «una anciana que tenía fama de conversar con las hadas» se presentó en la casa y contó el sueño al padre del sastre. La mujer fue incluso capaz de decirle los nombres de algunos participantes en la contienda; esos nombres correspondían a los de sus amigos muertos en combate.

ACOPLAMIENTOS de PESADILLA

LAS TEMIBLES hadas de las leyendas folclóricas solían ser dispensadoras de malos sueños. La creencia popular atribuía las pesadillas a la opresión que sobre el pecho del durmiente ejercía una criatura sobrenatural, según muchos, un hada maligna.

Si hemos de dar crédito a las supersticiones campesinas, esos monstruos de la noche se unían no pocas veces a los durmientes que visitaban. Cuando adoptaban apariencia masculina, recibían el nombre de íncubos; cuando su aspecto era el de una mujer, se los conocía como súcubos, arpías nocturnas o *hagge*.

En cambio, el poeta Geoffrey Chaucer, autor de los *Cuentos de Canterbury*, consideraba que semejantes diabluras nocturnas eran más propias de ciertos miembros del clero que de las hadas. En un pasaje satírico del «Cuento de la viuda de Bath», arremete contra los frailes rijosos como sigue:

Pueden a todas partes ir sin miedo las dueñas,
pues detrás de los árboles y ocultos en las peñas
no acechan negros íncubos, sino sus reverencias,
que dejarán maltrechas tan sólo sus decencias.

La opinión general sostenía que tomar por amante a un elfo o a un hada era meterse en la boca del lobo. El cuento del siglo XVII que narra los hábitos matrimoniales del demoníaco Barba Azul proporciona un ejemplo espeluznante. Cuando cada una de sus sucesivas esposas abre cierta habitación cerrada con llave, descubre una cámara de los horrores que contiene los cadáveres de sus muchas predecesoras, aterrador anuncio de su inminente destino.

Las uniones de este tipo estaban rodeadas de los más rígidos tabúes. El amante mortal no podía revelar la relación bajo ninguna circunstancia, no tenía derecho a hacer reproches a su pareja sobrenatural ni a visitarla a una hora no acordada con antelación y, por supuesto, no debía tocarla bajo ningún pretexto con un objeto de hierro. Si no estaba a la altura de alguna de estas exigencias, se exponía a verse abandonado de inmediato por su media naranja, a la que nunca volvería a ver. En caso de que hubieran tenido descendencia, los hijos comunes desaparecerían para siempre en el país de las hadas.

En ocasiones, los requisitos eran tan draconianos que la relación se frustraba aun antes de comenzar. La antigua balada

«El caballero elfo» relata el proyecto de matrimonio entre la bella Isabel y el caballero elfo, cuyo acuerdo prematrimonial consistía en un rosario de cláusulas abusivas. El elfo pretendía que Isabel le confeccionara una camisa de Holanda sin costuras, que la lavara en una fuente «en la que el rocío no se fundiera ni cayera el agua de la lluvia» y la secara en un espino que nunca hubiera florecido. En contrapartida, la

El pintor Heinrich Füssli sentía fascinación por la mitología folclórica relacionada con los acoplamientos en sueños. Este artista, conocido en su época como «El pintor de demonios favorito del Diablo» debido a su interés por íncubos y súcubos, realizó varias versiones de un cuadro en el que un íncubo abandona el lecho de dos muchachas dormidas y se apresura a salir por una ventana abierta. Pero su pintura más famosa sobre el mismo tema es mucho más siniestra. La pesadilla retrata a un íncubo repulsivo sentado en el abdomen de una joven que duerme en actitud de entrega. En segundo plano, una yegua endemoniada asoma la cabeza tras una cortina a medio descorrer y observa la escena con ojos desorbitados.

joven exigía al trasgo que labrara dos hectáreas de su tierra con el cuerno, que las sembrara con granos de pimienta y las gradara con una espina, tareas que debía completar en una sola noche. Ambos novios estuvieron de acuerdo en que lo más sensato sería partir peras; por suerte para Isabel, pues acto seguido el caballero elfo le reveló que ya estaba casado y tenía siete hijos.

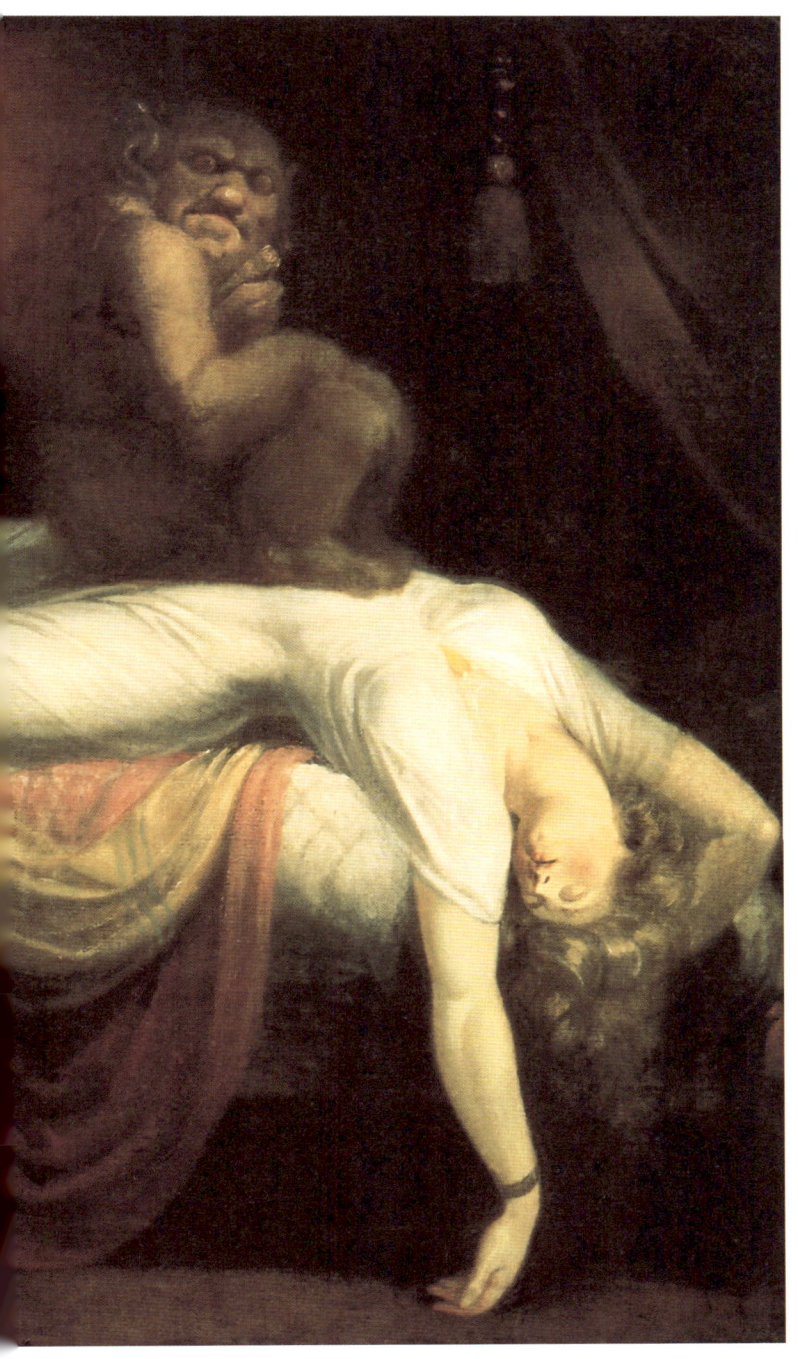

Robert Kirk se refiere a las Lennain Sith, también conocidas como Leannan Sidhe, transposición al mundo de las hadas de las damas inmortales de las leyendas célticas, que tenían por costumbre atraer a los hombres a su perdición. La historia del siglo XIV de Melusina, la monstruosa hija de un rey mortal y un hada, es un compendio de los sinsabores de tan desiguales matrimonios, aunque, a diferencia de lo habitual, en este caso la esposa parece haber sufrido tanto como el marido.

Melusina era mitad mujer y mitad monstruo. Periódicamente, su cuerpo se transformaba en el de una serpiente de cintura para abajo, desgracia que pudo interrumpir cuando encontró a un humano dispuesto a no acercarse a ella en sábado. Al ver que todos sus hijos nacían con alguna deformidad, el marido empezó a sospechar y rompió su promesa. Un sábado descubrió a su mujer cuando emergía del baño medio transformada en reptil y sin más preámbulos le espetó: «¡Fuera de mi vista, repulsiva serpiente! ¡Has contaminado a mis hijos!». Melusina abandonó el domicilio conyugal, pero siguió apareciéndose a sus deudos en forma de *banshee*.

La SEGUNDA VISTA

En el siglo XVII, John Aubrey publicó *An Accurate Account of Second Sighted Men in Scotland* (Relación fidedigna de personas dotadas de segunda vista en Escocia) basándose en sus propias encuestas. Un corresponsal le aseguró que James MacCoilvicalaster solía compartir el fuego de su hogar con seres invisibles: «Pero no sabría decir si ese hombre veía algo más que a los *brownies* y a Meg Mulloch... Hay quien asegura que veía a éstos continuamente y a otros, algunas veces».

En ocasiones, los favorecidos con este don podían transmitirlo a otros. El simple contacto con un vidente podía provocar la manifestación de las hadas. En *A Dictionary of Fairies*, Katharine Briggs recoge el testimonio de la señora Stewart, esposa de un sacerdote de Edimburgo. Cierto día, el padre y la tía de la señora Stewart, y un tercer niño se quedaron al cuidado de la abuela de los primeros: «Al cabo de las horas parece que los niños habían empezado a cansar a la anciana; en esto llegó una amiga de la familia a la que todos apreciaban y que tenía fama de poseer "el don". En vista de la situación, la mujer propuso a los niños: "Venid conmigo y os enseñaré algo que os gustará". Les hizo cogerse las manos formando una cadena y los acompañó al exterior, donde el sol empezaba a ponerse. Cerca de la casita corría un pequeño arroyo, y al otro lado se alzaba una colina. En la ladera ardía un fuego, a cuyo alrededor

HABÍA QUIEN no necesitaba echar mano de pociones mágicas para ver a las hadas. De esos mortales se decía que tenían «segunda vista» en las Highlands escocesas, que poseían «el don» en Inglaterra y que eran «videntes» en Irlanda.

En *The Secret Commonwealth of Elves, Fauns and Fairies*, Robert Kirk describe el tormento que representaba poseer semejante poder: «No lo asusta verlos cuando es él quien los convoca, pero encontrarlos inesperadamente (como a menudo le ocurre) lo aterroriza sobremanera».

danzaba un corro de seres diminutos. Los niños se quedaron mirándolos encandilados hasta que la mujer los volvió a hacer entrar en casa».

Determinadas épocas del año y ciertas horas del día eran especialmente propicias para ver a las hadas. El atardecer, la medianoche y la hora previa al amanecer se consideraban los momentos más favorables. Además, había que tomar en consideración las condiciones meteorológicas, según asegura Lewis Carroll en «Silvia y Bruno»: «La primera regla es que el día debe ser especialmente caluroso, eso queda fuera de discusión».

Tomás el Bardo

En la antigua balada «Tomás el Bardo», la reina de las hadas otorga al protagonista la clarividencia haciéndole reposar la cabeza en su regazo. Tomás, que existió en la realidad, era un poeta escocés del siglo XIII. Según la tradición, poseía segunda vista y predijo la muerte del rey Alejandro III de Escocia, la batalla de Bannockburn y la subida al trono de Inglaterra de Jacobo VI de Escocia.

Se aseguraba que había recibido el don de profecía de la reina de las hadas, que se enamoró del poeta y lo llevó consigo a su país encantado, donde permaneció cautivo durante siete años. La leyenda asegura que retornó a él una vez muerto, y los mortales que decían haber visitado el país de las hadas afirmaban haberlo visto allí.

Holgaba el buen Tomás en un ribazo
cuando una hermosa dama vio llegar
que, altiva y desenvuelta, a su montura
hacia él entre la fronda hizo avanzar.

Su capa era de fino terciopelo,
Su falda era de seda verde hierba,
cincuenta cascabeles de oro y plata
colgaban de las crines de su yegua.

VERSIÓN DEL SIGLO XIX DE LA «BALADA DEL BUEN TOMÁS»

CAUTIVOS en el PAÍS de las HADAS

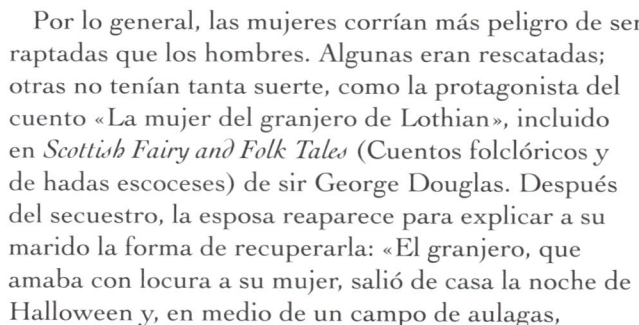

EL SECUESTRO de adultos por parte de las hadas era un suceso tan frecuente como temido, del que las leyendas folclóricas ofrecen abundantes ejemplos. Si el prisionero cometía la imprudencia de probar la comida o la bebida de las hadas, en la mayoría de los casos no podía regresar hasta pasados al menos siete años, tras los cuales lo esperaba casi con certeza una vida de marginación y soledad.

Era sumamente peligroso quedarse dormido a la intemperie al caer la tarde, sobre todo encima de un túmulo encantado. También se corría el riesgo de ser presa de las hadas si se recibía alguna herida al atardecer. Sir Walter Scott se hizo eco de tal creencia en su poema de comienzos del siglo XIX «La Dama del Lago»:

Cuando la hora vacila entre el día y la noche
y el poder de las hadas alcanza su cenit,
herido en emboscada, perdí el conocimiento
y más muerto que vivo me arrastraron los elfos
al antro lamentable que llaman su país.

Por lo general, las mujeres corrían más peligro de ser raptadas que los hombres. Algunas eran rescatadas; otras no tenían tanta suerte, como la protagonista del cuento «La mujer del granjero de Lothian», incluido en *Scottish Fairy and Folk Tales* (Cuentos folclóricos y de hadas escoceses) de sir George Douglas. Después del secuestro, la esposa reaparece para explicar a su marido la forma de recuperarla: «El granjero, que amaba con locura a su mujer, salió de casa la noche de Halloween y, en medio de un campo de aulagas, esperó ansioso el paso de las hadas. Al oír el ruido de las bridas y el salvaje y sobrenatural sonido que producía la comitiva, el valor lo abandonó y dejó que el sobrecogedor cortejo pasara de largo sin hacer nada. Cuando el último jinete lo dejó atrás, las hadas se volatilizaron en medio de ruidosas carcajadas y gritos de alborozo, entre los que el campesino distinguió la voz de su esposa, que se lamentaba porque jamás volverían a verse».

El granjero del cuento no tuvo el coraje necesario para recuperar a su esposa cuando pasó a su lado cabalgando en compañía de las hadas. En cambio, en la balada «El joven Tam Lin», la resuelta enamorada del protagonista da pruebas de sobrada valentía cuando llega la hora de la verdad. Decidida a liberar a Tam Lin del hechizo que lo retenía junto a las hadas, su fiel Janet lo desmonta de un corcel inmaculado y se abraza a él con todas sus fuerzas, a pesar de que el joven se metamorfosea sucesivamente en áspid, víbora, león y barra de hierro al rojo vivo. Por último, Tam Lin se transforma en hombre «desnudo como su madre lo trajo al mundo». Janet le pone su capa verde sobre los hombros, lo baña primero con leche y luego con agua caliente, y consigue deshacer el hechizo.

Trueque de criaturas

La creencia que atribuía a las hadas el secuestro de recién nacidos mortales que sustituían por sus propios retoños se refleja en numerosos relatos folclóricos. Semejante práctica tenía explicaciones para todos los gustos: los niños hermosos y rubios contribuían a mejorar la raza de las hadas; los niños mortales reemplazaban a los de las hadas como tributo al Infierno; o bien, las servían como criados cuando fueran mayores.

Cuando nacía un niño, se tomaban todo tipo de precauciones para evitar que se lo llevaran las hadas. El peligro era extremo hasta que se bautizara a la criatura o, según otras leyendas, sólo hasta que estornudara por primera vez, por lo que existían multitud de conjuros capaces de salvaguardarlo en el ínterin de las sobrenaturales secuestradoras.

En algunas casas, se procedía a cerrar con llave todos los armarios y cajones «...pues, al menor descuido, las hadas se cuelan en casa y se esconden en los cajones y las alacenas». En algunos lugares, sumergían un carbón al rojo en el primer baño de la criatura y, una vez vestido, le daban tres vueltas cabeza abajo, lo bendecían y lo sacudían tres veces.

Las hadas solían raptar a los mortales por motivos amorosos, pero también si poseían algún don que les envidiaban. En *The Secret Rose* («La rosa secreta»), W. B. Yeats incluyó un cuento que narra lo ocurrido a un joven maestro irlandés, Hanrahan *el Pelirrojo*, cuya compañía ambicionaban las hadas debido a sus muchos conocimientos y su habilidad para componer canciones. Una noche lo atrajeron a la cima de un monte pelado, donde el joven encontró una puerta por la que penetró al país de las hadas: «Todas las cosas hermosas de las que Hanrahan había oído hablar alguna vez y todos los colores que había visto en su vida estaban allí. Había una mujer sentada en un alto sitial, rodeada de flores y con el rostro más pálido y hermoso que imaginarse pueda. En el pedestal sobre el que se alzaba el trono, estaban sentadas cuatro ancianas grises; una tenía un enorme caldero en su regazo; otra sostenía sobre las rodillas una piedra que parecía muy pesada, aunque ella la aguantaba sin esfuerzo aparente; otra sujetaba una lanza muy larga hecha de una rama aguzada; y la última empuñaba una espada desnuda».

Hanrahan fue informado de que los cuatro objetos simbolizaban el placer, el poder, el coraje y la sabiduría. Las hadas esperaron a que el joven les hiciera alguna pregunta, pero al ver que no despegaba los labios lo dejaron marchar. Había permanecido en el país de las hadas un año; sin embargo, en el mundo exterior sólo había transcurrido una noche. El joven regresó conmocionado para descubrir que también había perdido a la mujer con la que pensaba casarse.

Las HADAS MADRINAS

UN NUEVO personaje hizo su aparición al publicarse los primeros cuentos de hadas en Inglaterra en el siglo XVIII. Aunque los relatos seguían desarrollando motivos folclóricos, las hadas que los protagonizaban, a diferencia de las tradicionales, manifestaban un agudo interés en la moralidad humana.

El hada madrina es la encargada de otorgar la bendición o el castigo, mientras que la auténtica magia de los cuentos en que interviene consiste en poner a los humanos frente a su verdadera personalidad. Las transformaciones insólitas son moneda corriente en las primeras historias de este tipo; la vieja mendiga puede ser un hada o la rana un guapo príncipe; pero en el fondo se trata de ardides que ponen a prueba la valía moral del protagonista. El final feliz nunca se alcanza de forma gratuita, como deja bien claro el hada de cuya varita depende la resolución del conflicto.

El maleficio lanzado por el hada vieja, encolerizada porque se han olvidado de invitarla para hacer de madrina de la princesa en «La bella durmiente», recuerda el malhumorado comportamiento de las hadas de las leyendas folclóricas. Por el contrario, las medidas adoptadas para contrarrestar el hechizo por el hada madrina joven, que afortunadamente aún no había otorgado su regalo de bautizo, confirman a esta hada de nuevo cuño como un ser muy superior moralmente, que ayuda a los mortales cuando la princesa cae en su sueño centenario.

El hada madrina del cuento «Los tres deseos», traducido por primera vez al inglés en el siglo XVIII, deja bien claro que la magia por sí sola no tiene el poder de hacer felices a los mortales. Una «dama extraordinariamente hermosa» se aparece a un matrimonio convencido de que su vida mejoraría sustancialmente si pudieran cumplir sus deseos. El hada les concede tres, pero la pareja es incapaz de ponerse de acuerdo sobre sus preferencias. Acaban consiguiendo una morcilla de un metro de largo que le ha apetecido a la nariz de la mujer, y deben emplear el último deseo para hacerla desaparecer. Ambos comprenden que el hada madrina les ha abierto los ojos respecto al error en que vivían.

Las moralizantes hadas de los cuentos clásicos reaparecieron en muchas de las narraciones incluidas en los numerosos libros para niños publicados a finales del siglo XIX. Las imágenes que las acompañaban, obra de artistas de la talla de Arthur Rackham, Edmund Dulac y Harry Clarke, señalaron los albores de una edad de oro en la ilustración para libros. Esta tradición ha encontrado dignos continuadores en artistas contemporáneos como Paul Raymond Gregory y Brian Froud.

En «La Cenicienta», el cuento de hadas por excelencia, el príncipe no obtiene la mano de la protagonista hasta que no la ve en su auténtica y humilde situación. El hada madrina utiliza sus poderes para provocar el enamoramiento del joven, que no obstante deberá mostrar su calidad humana persistiendo en su deseo de casarse con Cenicienta aun después de descubrir su verdadera identidad. En la traducción al inglés de la versión de Charles Perrault, el hada madrina pide a Cenicienta la promesa de que será obediente, de forma similar a lo que hacían las hadas de las leyendas folclóricas: «...por encima de todo, su madrina le recomendó que regresara antes de las doce en punto, y le advirtió que si permanecía en el baile un minuto más de la cuenta, su carroza volvería a convertirse en calabaza, sus caballos en ratones, sus cocheros en lagartos y sus ropas en los harapos de costumbre».

VIAJE en el TIEMPO

EN EL país de las hadas, el tiempo no tiene una medida fija. Un día transcurrido allí puede equivaler a un año o un siglo en nuestro mundo. En ocasiones ocurre justo lo contrario, hasta el punto que un año pasado entre las hadas puede esfumarse en una sola noche mortal.

En un cuento del condado galés de Pembroke, el tiempo pasa a una velocidad desacostumbrada. Tras unirse a la danza de las hadas, un joven pastor las acompaña a su país. Durante muchos años vive feliz en un palacio resplandeciente rodeado de hermosos jardines, en los que hay una fuente con peces de oro y plata de la que tiene prohibido beber. Pero vencido por la curiosidad acaba sumergiendo las manos en el agua encantada. Al instante, el país de las hadas se desvanece y el pastor vuelve a verse en la fría ladera de la colina, donde sus ovejas siguen paciendo. Apenas han transcurrido unos minutos desde que se unió al corro de las hadas.

Lo habitual, sin embargo, era que el tiempo se acelerara extraordinariamente en el país de las hadas, como descubrían con pesar los mortales que conseguían regresar a sus hogares. En *De Nugis Curialium* (Frivolidades cortesanas), el autor del siglo XII Walter Map relata uno de los primeros casos del sobrenatural correr del tiempo en la leyenda del rey Herla, que viajó a un país encantado en las entrañas de la tierra para cumplir la promesa hecha a un enano. La siguiente versión procede de *The Folk-Lore of Herefordshire* de E. M. Leather: «Entraron en una caverna excavada en un altísimo acantilado y, después de recorrer un buen trecho por el interior de la roca, que parecía iluminada no por la luz del sol o de la luna, sino por numerosas antorchas, llegaron al palacio del enano, que era un edificio magnífico.

»Una vez celebrada la boda y satisfechas las obligaciones contraídas con el enano, Herla y su séquito se dispusieron a regresar cargados de regalos y

El tiempo de las hadas

Aunque el tiempo siguiera su propio ritmo en el país de las hadas, estas criaturas estaban sujetas a las mismas estaciones que los mortales. El uno de mayo, la noche de san Juan y la de Halloween siguen siendo las fechas más a propósito para verlas o acceder a su reino, mientras que el atardecer, la medianoche y las noches de luna llena son los momentos más favorables del día. No menos importantes son los días de la semana. ¡Ay de aquel que mencionara el sábado en presencia de un hada...!

dádivas, caballos, perros, halcones y todo tipo de cosas relacionadas con la caza y la cetrería. El hombrecillo los guió a través del oscuro pasaje y, cerca de la boca de la caverna, les hizo entrega de un sabueso lo bastante pequeño para que pudieran llevarlo en brazos y les prohibió estrictamente que desmontaran hasta que el perro saltara al suelo; a continuación les deseó buen viaje y emprendió el camino de regreso. Poco después, Herla salió a la luz del sol y, deseoso de obtener noticias de su patria, interpeló a un viejo pastor y le preguntó por la reina, llamándola por su nombre. El pastor lo miró asombrado y respondió: "Señor, apenas entiendo vuestro idioma, pues soy sajón y vos britano. Nunca he oído hablar de tal reina, a no ser que os refiráis a la esposa de Herla, rey de los antiguos britanos. Según la leyenda, ese monarca desapareció en compañía de un enano en este mismo acantilado, y no se le ha vuelto a ver sobre la faz de la tierra. Los sajones expulsaron a sus antiguos súbditos de estas tierras, que poseen desde hace doscientos años". El rey no daba crédito a sus oídos, pues estaba convencido de haber pasado sólo tres días fuera».

El viaje en el tiempo dejó trastocado a Herla, que a partir de entonces vagó sin descanso ni hogar al que volver. Rip Van Winkle sufrió un trauma semejante al despertar después de un viaje al país de las hadas y descubrir que su perro había desaparecido y su escopeta estaba completamente oxidada. Emprendió el camino de regreso, pero cuando llegó a casa la encontró vacía y no pudo dar con ninguno de sus conocidos. Al parecer había dormido durante veinte años. Según Washington Irving, autor de *Rip Van Winkle*, la historia de este famoso personaje, marido bonachón y calzonazos, se inspiró en lo ocurrido a un tal Diedrich Knickerbocker, que lo refirió al escritor. Rip Van Winkle inició su mágico viaje como súbdito de George III y regresó como ciudadano libre de Estados Unidos.

Cuenta una leyenda galesa que Einion, retenido en el país de las hadas, obtuvo un breve permiso para visitar a los suyos bajo promesa de regresar con sus captoras. Al llegar a su casa se encontró con el siguiente panorama: «Ninguno de sus parientes o amigos fue capaz de reconocerlo. Todos estaban convencidos de que había muerto a manos de otro pastor que, tras ser acusado del crimen, había huido a América».

El PAÍS de las HADAS en la PINTURA VICTORIANA

LOS PINTORES ingleses no se tomaron realmente en serio a las hadas hasta finales del siglo XVIII, época en que disponían de un vasto *corpus* de literatura de género en la que inspirarse. Su enorme atractivo visual se hizo evidente con prontitud, de forma que a mediados del siglo XIX la pintura de hadas no sólo se había convertido en un género aparte, sino que gozaba de un éxito considerable.

El espíritu insular prevaleciente en la Inglaterra victoriana contribuyó a la popularidad de este tipo de cuadros. Las imágenes inspiradas en escenas de las obras teatrales de Shakespeare, reverenciado como el mayor escritor británico, alcanzaron una boga extraordinaria. Su elección de la campiña inglesa como marco natural del país de las hadas obtuvo el beneplácito de los artistas decimonónicos, que se esforzaron en subrayar su carácter de representantes privilegiadas de la herencia folclórica inglesa.

Es necesario destacar el hecho de que el éxito de los retratos de hadas tuvo su origen en una reacción contra el utilitarismo característico del mencionado período histórico. Representaba una celebración de lo maravilloso en una época más interesada en el establecimiento de hechos. Ante el progresivo arrumbamiento del misterio en favor de la búsqueda de certezas propias de la ciencia experimental, la entronización en el mundo del arte de un ámbito imaginario y sobrenatural significaba una afirmación de los valores de la fantasía y el subconsciente en unos tiempos de aridez espiritual.

Un celta, como no podía ser menos, se convirtió en uno de los pintores más populares de la época victoriana. Inspirándose en *El sueño de una noche de verano*, sir Joseph Noel Paton plasmó la pelea de Oberón y Titania en una serie de cuadros que produjeron sensación entre el público que asistió a sus primeras exposiciones. Más minucioso que cualquiera de sus predecesores en la representación del minúsculo reino de las hadas, sus épicas escenas contenían un hervidero de mágica actividad a escala mínima. En su microscópico país de las hadas, una burbuja podía convertirse en barco encantado y una araña adquirir las proporciones de un monstruo gigantesco. No es de extrañar que el público adorara sus abarrotadas pinturas.

Aunque las primorosas imágenes de Paton hacían gala de una atención al detalle característica de los prerrafaelistas, cuando el principal pintor de este movimiento, sir John Everett Millais, se aventuró en el país de las hadas con su cuadro *Ferdinand seducido por Ariel*, el resultado fue completamente distinto. El realismo casi fotográfico con que Millais representó a Ferdinand y su marco vegetal prestaba al reino encantado una verosimilitud mucho mayor. Aunque Ariel revoloteaba escoltado por criaturas semejantes a murciélagos, la ausencia de idealización contrastaba extraordinariamente con las decorativas fantasías de Paton y sus imitadores y consiguió desconcertar al público. El marchante que había encargado el cuadro rechazó la obra acabada alegando «el excesivo verdor de las hadas».

La visión de Millais se alejaba de la moda imperante hasta entonces. Richard Dadd, contumaz retratista de hadas de la misma época, propuso una alternativa aún más radical. A él debemos una de las imágenes más inquietantes del país de las hadas, *El golpe maestro del leñador encantado*, pintada en el manicomio del hospital de Bethlehem, donde permaneció confinado tras asesinar a su padre. El cuadro ofrece una visión alucinógena de puro detallista de un mundo diminuto enclavado en el corazón de la campiña inglesa. Dadd empleó nueve años en realizarlo.

FOTOGRAFIANDO HADAS

LA FASCINACIÓN victoriana por otros mundos puesta de manifiesto en la moda de la pintura de hadas también se hizo evidente en la creciente popularidad del espiritismo en el siglo XIX.

La fiebre por captar fenómenos paranormales se extendió a la fotografía de «espíritus». La primera imagen de este tipo fue obra del fotógrafo norteamericano William Mumler, que la tomó en 1862. La «fotografía espiritista», que floreció en Inglaterra durante el último cuarto del siglo XIX, encontró en el país de las hadas un terreno abonado. No es de extrañar que la publicación de una serie de fotografías de hadas tomadas por dos muchachas de un pueblo del condado de York en 1917 y 1920 provocara un enorme interés de los lectores. Las dos primeras imágenes se publicaron en la edición navideña de la revista *Strand Magazine* en 1920, acompañadas de un artículo de sir Arthur Conan Doyle y Edward Gardner titulado «Un acontecimiento que·hará época: hadas fotografiadas». La tirada se agotó en tres días y la historia fue recogida por periódicos de todo el mundo.

·Los documentos gráficos recibieron el nombre de «fotografías de hadas de Cottingley», porque sus jóvenes autoras, Elsie Wright y su prima Frances Griffiths las habían tomado en un valle de las cercanías de dicha población. Las imágenes mostraban a Elsie y Frances en compañía de hadas que danzaban y tomaban «baños de sol». Las dos primeras, realizadas en 1917, cuando Elsie contaba dieciséis años y Frances diez, llegaron a manos del señor Gardner, conocido investigador de fenómenos paranormales. Sospechando que se trataba de falsificaciones, el periodista pidió los cristales negativos y los hizo examinar por un fotógrafo profesional, que aseguró que no habían sufrido ninguna manipulación. «No sé nada sobre hadas —fueron, según Gardner, las palabras del fotógrafo—, pero estas fotografías son normales, tomadas al aire libre y con exposición simple.» Gardner pidió una segunda opinión a Kodak, cuyos técnicos tampoco descubrieron el menor rastro de retoques. No obstante, la empresa se negó a firmar un certificado de autenticidad, «porque la fotografía se presta a infinidad de manipulaciones, y un operador hábil podría haberlas hecho artificialmente».

Intrigado, Gardner quiso conocer a Elsie, que lo acompañó a la vaguada donde ambas primas habían tomado las fotografías. La muchacha le explicó que «había visto criaturas sobrenaturales y jugado con ellas desde que tenía uso de razón, así que hacerles unas fotos no le parecía nada del otro mundo». Gardner, impresionado por su sinceridad, dio por sentado que ambas niñas eran videntes. Pero necesitaba más pruebas, de forma que preparó veinticuatro placas de cristal, que marcó con una señal inapreciable a simple vista. Se las entregó a las muchachas y les pidió que las utilizaran para seguir fotografiando hadas.

En 1920, el periodista recibió otras tres fotografías tomadas en el mismo valle, que tampoco mostraron el menor signo de manipulación. Una vez más se publicaron en el *Strand Magazine*, lo que avivó la polémica nacional en torno a este tipo de imágenes. Los partidarios de su autenticidad recibieron munición de reserva en 1922, cuando sir Arthur Conan Doyle defendió las fotografías de Cottingley en su libro *The Coming of the Fairies* (La llegada de las hadas).

La aparición en escena de Geoffrey Hodson en 1921 constituyó un refuerzo adicional. El vidente se instaló en el valle en compañía de las muchachas para aguardar los acontecimientos. Casi inmediatamente, como relató en *Fairies at Work at Play* (Ocios y trabajos de las hadas), publicado en 1925, fue testigo de la primera manifestación: «Nos vimos rodeados por un grupo de encantadoras hadas bailarinas». La cabecilla del grupo, que cautivó especialmente su atención, era «una figura femenina de poco más de medio metro de altura cubierta de flotantes gasas transparentes».

En la actualidad los expertos coinciden en afirmar que las hadas de las fotografías de Cottingley eran dibujos recortados. Parece fuera de duda que Elsie tenía sobrado talento para dibujar y pintar, sobre todo hadas. No obstante, siguió afirmando que las fotografías eran auténticas. «En su momento dije que se trataba de fotografías de criaturas concebidas por la imaginación humana, y lo mantengo», declaró al ser entrevistada en 1971.

¡Expuestas!

A raíz de la publicación de los artículos y del libro, Conan Doyle y Edward Gardner recibieron un diluvio de cartas de personas de todo el mundo que aseguraban haber visto hadas. Entre otras, llegó a sus manos la supuesta fotografía de un pequeño brownie *que posaba al pie de un árbol. «Sin embargo, cuando se hizo el análisis fotográfico de rigor —recordaba Gardner—, la figura del* brownie *resultó ser una ingeniosa estructura artificial. Puesto ante la evidencia, el autor de la fotografía admitió el fraude, que justificó como un intento de demostrar que era posible engañar usando figuras trucadas.»*

91

Un MAESTRO MODERNO: BRIAN FROUD

EL RECIENTE interés por los temas relacionados con las hadas ha alentado el inicio de una nueva era en la ilustración de fantasía. A la vanguardia de este renacimiento se encuentra el artista inglés Brian Froud, cuyo libro sobre las hadas del folclor inglés, *Faeries* (Hadas), profusamente ilustrado en colaboración con su colega Alan Lee, se convirtió en un éxito de ventas a ambos lados del Atlántico. Las publicaciones más recientes de Froud han sido *Lady Cottington's Pressed Fairy Book* (El libro de las hadas de lady Cottington) y *Good Faeries/Bad Faeries* (Hadas buenas/Hadas malas).

El profundo interés de Froud por el folclor se despertó en su época de estudiante, al descubrir las espléndidas ilustraciones del artista británico Arthur Rackham, cuyas obras habían aportado un soplo de aire fresco al país de las hadas. Froud puso manos a la obra y con el tiempo acabó desarrollando su inconfundible estilo, que también le ha abierto las puertas del mundo del cine. A él debemos los fantásticos mundos sobrenaturales de dos conocidas películas dirigidas por Jim Henson, *Cristal oscuro* y *Laberinto*.

Froud, que siempre ha procurado ir más allá de la ilustración convencional, ha descrito sus obras del siguiente modo: «En la tradición oral, cuando se contaban historias alrededor del fuego y en la semioscuridad, las palabras estaban vivas; salían de los labios, vibraban en el aire y antes de posarse en los oídos se transformaban en magia. No eran inmutables, cambiaban cada vez que se contaba la historia, y de un oyente a otro. Quisiera que mis ilustraciones tuvieran esa misma capacidad de transformación. No me gustan las cosas demasiado fijas ni demasiado explicadas; quiero que cada mirada a mis obras esté, como los cuentos en la tradición oral, llena de nuevas posibilidades».

Froud, que procura hacer patente lo sobrenatural dentro de un realismo cotidiano, combina elementos fantásticos con objetos de la vida corriente para hacer creíbles los primeros, aunque tiene buen cuidado en mantener cierta vaguedad y misterio. Como él mismo ha dicho: «En mi opinión, algunos ilustradores del género fantástico tienen tendencia a trabajar en exceso sus obras. Acaban cada detalle y consiguen que cada línea sea neta y precisa, pero eso me mantiene fuera de su mundo, porque la superficie es tan brillante que mis ojos resbalan sobre ella».

Tabla de ilustraciones